QUATRE
POÈMES D'OPÉRAS

TRADUITS EN PROSE FRANÇAISE

Paris.— Imp. de la Librairie Nouvelle, A. Bourdilliat, 15, rue Breda.

QUATRE
POÈMES D'OPÉRAS

TRADUITS EN PROSE FRANÇAISE

PRÉCÉDÉS D'UNE

LETTRE SUR LA MUSIQUE

PAR

RICHARD · WAGNER

LE VAISSEAU FANTOME

TANNHÆUSER

LOHENGRIN — TRISTAN ET ISEULT

PARIS

LIBRAIRIE NOUVELLE

Boulevard des Italiens, 15

A. BOURDILLIAT ET Cie, ÉDITEURS

Représentations, traduction et reproduction réservées

1861

A MONSIEUR FRÉDÉRIC VILLOT

———

Vous m'avez demandé, Monsieur, de vous résumer
moi-même, avec clarté, les idées sur l'art que j'ai émises
dans une série d'écrits publiés en Allemagne, voilà déjà
bien des années. Ces idées y ont fait assez de bruit,
causé assez de scandale pour exciter en France même la
curiosité avec laquelle j'ai été accueilli. Vous avez
pensé que ces explications importaient à mon intérêt;
votre amitié vous a inspiré la confiance qu'une exposition
réfléchie de ma pensée pourrait servir à dissiper plus
d'une erreur, plus d'un préjugé, et mettre facilement les
esprits prévenus à même, au moment où l'on va donner
à Paris un de mes opéras, de juger l'œuvre elle-même

sans avoir à se prononcer en même temps sur une théorie contestable.

Il m'eût été, je l'avoue, extrêmement difficile de répondre à votre invitation bienveillante, si vous ne m'eussiez exprimé le désir de me voir offrir en même temps au public une traduction de mes poëmes d'opéra, et indiqué par là le seul moyen qui me permît de vous complaire. Je dois le dire, je n'aurais pu prendre sur moi de me lancer encore une fois, comme il eût fallu m'y résoudre, dans un labyrinthe de considérations théoriques et de pures abstractions. A la répugnance prononcée que j'ai maintenant à relire mes écrits théoriques, il m'est aisé de reconnaître qu'à l'époque où je les composai j'étais dans une situation d'esprit tout à fait anormale, dans une de ces situations où l'artiste peut se trouver une fois dans sa vie, mais non se replacer une seconde. Permettez-moi de vous décrire, avant tout, cet état dans ses traits essentiels, tels que je puis me les représenter aujourd'hui. Laissez-moi m'étendre un peu là-dessus; je me flatte de vous faire saisir au moyen de cette peinture d'une disposition toute personnelle, la valeur de mes principes sur l'art ; il m'est d'ailleurs aussi impossible, à cette heure, de reprendre ces principes sous leur forme purement abstraite, que cela serait contraire au but que je me propose.

Nous pouvons considérer la nature, dans son ensemble, comme un développement gradué, depuis l'existence purement aveugle jusqu'à la pleine conscience de soi ; l'homme en particulier offre l'exemple le plus frappant de ce progrès. Eh bien, ce progrès est d'autant plus intéressant à observer dans la vie de l'artiste que son génie, ses créations sont justement ce qui offre au monde sa propre image, et l'élève à la conscience de lui-même. Mais dans l'artiste même, l'énergie créatrice est de sa nature spontanée, instinctive ; et là même où il a besoin d'étude pour s'approprier la technique nécessaire à la réalisation, sous les formes de l'art, des types qu'enfante sa pensée, le choix définitif des moyens d'expression ne suppose pas la réflexion ; il est déterminé bien plutôt par une tendance spontanée, et cette tendance constitue précisément, chez l'artiste, le caractère de son génie particulier. Une réflexion soutenue ne commence à lui devenir une nécessité qu'au moment où il se heurte contre quelque grave obstacle dans l'application des moyens qui lui sont nécessaires pour exprimer ses idées; je veux dire lorsque les moyens de réaliser ses conceptions lui sont plus difficiles à réunir, ou lui manquent tout à fait. Ce dernier cas est celui où risque de se trouver, plus que tout autre, l'artiste qui a besoin pour réaliser ses conceptions non-seulement d'organes inanimés, mais d'un ensemble de forces artistiques vivantes. Le poëte dramatique a besoin, dans la plus rigoureuse acception du mot, de cet ensemble pour donner à son œuvre une expression intelligible : il est forcé d'avoir recours au théâtre, et le théâtre, comme ensemble des arts de représentation, soumis à des lois particulières, constitue lui-même une branche spéciale de l'art. Avant tout, le poëte dramatique, en abordant le théâtre, trouve en lui un élément de l'art déjà constitué; il est tenu de se fondre avec lui, avec les lois particulières qui le régissent, pour voir ses propres conceptions réalisées. Si les tendances du poëte sont en parfait accord avec celles du théâtre, il ne saurait être question du conflit que j'ai signalé, et la seule chose à considérer, pour apprécier la valeur de l'œuvre produite et exécutée, c'est le caractère de cet accord. Si ces tendances sont au contraire radicalement divergentes, on comprend sans peine l'extrémité fâcheuse où l'artiste est réduit : il se voit forcé d'employer, pour exprimer ses idées, un organe destiné, dès l'origine, à des buts différents du sien.

Obligé de m'avouer que je me trouvais dans une situation pareille, force a été pour moi, à une certaine époque de ma vie, de faire une halte dans une carrière de production plus ou moins spontanée; il m'a fallu de longues réflexions pour sonder les motifs de cette situation énigmatique et m'en rendre compte. J'ose m'imaginer que jamais artiste ne sentit peser aussi lourdement sur lui la nécessité de sortir de ce problème; car jamais éléments aussi divers, aussi particuliers, ne s'étaient trouvés mis en jeu : la poésie et la musique d'une part, la scène lyrique de l'autre, c'est-à-dire l'institution publique artistique la plus équivoque, la plus discutable de notre temps, le théâtre d'opéra; voilà ce qu'il s'agissait de concilier.

Laissez-moi vous signaler d'abord une différence fort grave à mes yeux, entre la situation des auteurs d'opéras vis-à-vis du théâtre en France et en Italie, et leur situation en Allemagne ; cette différence èst si importante, que vous saisirez facilement, dès que je l'aurai définie, pourquoi le problème en question ne pouvait se dresser si impérieusement que devant un auteur allemand.

En Italie, où s'est constitué d'abord l'opéra, quelle était la mission unique du musicien? Il avait à écrire pour tels ou tels chanteurs, chez qui le talent dramatique n'avait qu'une place tout à fait secondaire, des airs destinés exclusivement à fournir à ces virtuoses l'occasion de déployer leur habileté. Poëme et scène n'étaient qu'un prétexte, ne servaient qu'à prêter un temps et un lieu à cette exhibition de virtuoses; la danseuse alternait avec la chanteuse, elle dansait ce que la première avait chanté; et le compositeur avait, pour tout emploi, à fournir des variations d'un type d'airs déterminé. Ici régnait, vous le voyez, la plus complète harmonie, et jusque dans le plus mince détail: le compositeur écrivait pour tels ou tels chanteurs, et l'individualité de ceux-ci lui indiquait le caractère des variations d'airs qu'il avait à fournir. L'opéra italien était ainsi devenu un genre à part, qui n'avait rien à faire avec le drame véritable, et restait particulièrement étranger à la musique même. Du développement de l'opéra en Italie date, pour le connaisseur, la décadence de la musique italienne. L'évidence de cette assertion frappera tout esprit qui possède une idée exacte de la sublimité, de la richesse, de l'incomparable profondeur d'expression de la musique d'église en Italie, dans les siècles précédents; qui pourrait par exemple, après avoir entendu le *Stabat Mater* de Palestrina, tenir la musique italienne d'opéra pour une fille légitime de cette admirable mère? Ceci dit en passant, je note, en vue du but que je me propose, ce seul point établi : c'est qu'en Italie il a existé jusqu'à nos jours une pleine harmonie entre les tendances du théâtre d'opéra et celles du compositeur.

Il en est de même en France ; ces relations n'ont point changé. Seulement le chanteur a vu, aussi bien que le compositeur, grandir sa tâche ; car la coopération du poëte dramatique a pris ici une importance infiniment plus grande qu'en Italie. Appropriées au caractère de la nation, à l'état de la poésie dramatique et des arts de représentation qui venaient de prendre un essor remarquable, les exigences de ces arts s'imposaient aussi impérieusement à l'opéra. Au *grand Opéra*, se forma un style fixe qui, emprunté dans ses traits principaux aux règles du *Théâtre-Français*, satisfaisait à toutes les conventions, à toutes les exigences d'une représentation dramatique. Sans vouloir pour le moment le définir avec plus de rigueur, je note encore un seul point : c'est qu'il existait un théâtre modèle déterminé, que dans ce théâtre s'était formé le style qui s'imposait à l'acteur, au compositeur avec une égale autorité, que l'auteur trouvait un cadre exactement circonscrit ; et ce cadre, il avait à le remplir au moyen d'une action et de la musique, avec le concours d'acteurs et de chanteurs exercés, connus d'avance, et en parfait accord avec lui pour réaliser ce qu'il se proposait.

Quand l'Allemagne reçut l'opéra, c'était un produit exotique, déjà tout développé ; et ce produit était radicalement étranger au caractère de la nation. Des princes allemands avaient appelé à leur cour des sociétés italiennes d'opéra, accompagnées de leurs compositeurs.

Les compositeurs allemands devaient aller en Italie pour y apprendre à composer des opéras. Plus tard les théâtres, pour contenter le public, joignirent à cela l'exécution d'opéras traduits, entre autres d'opéras français. Les essais d'opéras allemands n'étaient qu'une simple imitation d'opéras étrangers, ils n'avaient d'allemand que la langue. Nulle part ne se forma un théâtre central, un théâtre modèle. Tous les styles coexistaient dans la plus complète anarchie, style français, style italien, imitation allemande de l'un et de l'autre; ajoutez encore des tentatives pour faire de la vieille *pièce avec chant,* qui ne s'était jamais élevée au genre populaire et indépendant, tentatives presque toujours vaincues par la prééminence des formes techniques, telles qu'elles venaient de l'étranger. Sous ces influences et dans cette confusion naissait un inconvénient des plus visibles, je veux dire l'absence absolue de style dans les représentations d'opéra. Dans des villes d'une population restreinte, où le théâtre ne trouvait qu'un public rarement renouvelé, pour donner au répertoire l'attrait de la variété, on représentait coup sur coup, aux intervalles les plus rapprochés, des opéras français, italiens, des opéras allemands, imitations des deux genres, ou bien issus des *pièces avec chant* les plus vulgaires; sujets comiques, sujets tragiques, tout était chanté, joué par les mêmes chanteurs. Des morceaux composés pour les premiers virtuoses italiens, appropriés à leurs qualités personnelles, étaient chantés par des chanteurs sans étude et sans exercice, dans une langue d'un génie diamétralement opposé à celui de la langue italienne, et ils étaient défigurés de la façon la plus ridicule. Ou bien c'étaient des opéras français, dont l'effet reposait sur une déclamation pathétique de phrases de rhétorique soigneusement notées, qu'on représentait dans des traductions fabriquées à la hâte et à vil prix par des manœuvres littéraires, presque toujours sans aucun égard à la liaison des phrases déclamées avec la musique, et avec des fautes de prosodie à faire dresser les cheveux sur la tête. Cette unique circonstance eût suffi pour empêcher la diction d'atteindre jamais à un bon style, et pour rendre public et chanteurs également indifférents au texte. De là, comme résultat, toutes sortes d'imperfections. Nulle part un théâtre modèle d'opéra, un théâtre mené dans une direction intelligente, un théâtre qui donnât le ton; une éducation défectueuse des voix mêmes, quand il s'en rencontrait, ou bien l'absence de toute éducation, et partout dans l'art l'anarchie.

Vous sentez que pour le musicien véritable et sérieux, ce théâtre d'opéra n'existait pas, à vrai dire. Si un penchant décidé, si l'éducation le tournaient vers le théâtre, il préférait nécessairement écrire des opéras en Italie pour les Italiens, en France pour les Français; et tandis que Mozart et Gluck composaient des opéras italiens et français, la musique vraiment nationale se développait en Allemagne sur de tout autres principes que ceux de l'opéra. Bien loin de l'opéra, entée sur cette branche de la musique que les Italiens délaissèrent tout d'un coup à la naissance de l'opéra, la musique proprement dite se développait en Allemagne, depuis Bach jusqu'à Beethoven; elle atteignait cette hauteur, cette merveilleuse richesse, qui l'ont élevée à la place que tout le monde lui reconnaît.

Le musicien allemand, dont les yeux, quittant le domaine qui lui était propre, celui de la musique chorale et instrumentale, se portaient sur la musique dramatique, ne trouvait pas dans l'opéra une forme achevée, imposante, d'une perfection relative qui lui pût servir de modèle, comme il en trouvait dans les autres genres de musique. Il trouvait dans l'oratorio, dans la symphonie surtout, une forme noble et achevée; l'opéra lui offrait au contraire un amas confus et sans lien de formes non développées; sur ces formes il voyait peser une convention qu'il ne pouvait comprendre et qui étouffait toute liberté de développement. Pour bien saisir ce que je veux dire, comparez la richesse infinie, prodigieuse du développement dans une symphonie de Beethoven avec les morceaux de musique de son opéra de *Fidelio;* vous comprenez sur-le-champ combien le maître se sentait ici à l'étroit, combien il étouffait, combien il lui était impossible d'arriver jamais à déployer sa puissance originelle; aussi, comme s'il voulait s'abandonner une fois au moins à la plénitude de son inspiration, avec quelle fureur désespérée il se jette sur l'ouverture, et y ébauche un morceau d'une ampleur et d'une importance jusque-là inconnue ! Cet unique essai d'opéra le laisse plein de dégoût; il ne renonce pas toutefois au désir de trouver enfin un poëme qui ouvre une libre carrière au déploiement de sa puissance musicale. L'idéal flottait devant sa pensée. Oui, le musicien allemand, après avoir poursuivi ce genre dont le caractère lui semblait problématique, qui ne cessait de l'attirer et de le repousser en même temps, et dont il jugeait les formes absolument insuffisantes, l'opéra, enfin, devait nécessairement voir s'ouvrir devant lui une direction idéale. C'est ici que réside la signification propre des efforts de l'Allemagne, et non-seulement en musique, mais à peu près dans tous les arts. Permettez-moi, Monsieur, de m'arrêter un instant sur ce point.

On ne saurait contester que les nations romanes de l'Europe n'aient depuis longtemps acquis une grande supériorité sur les nations germaniques ; je parle de la perfection de la forme. l'Italie, l'Espagne, la France avaient atteint à cet agrément dans les formes qui répondaient à leur caractère, et la vie tout entière, aussi bien que l'art, avait revêtu cette élégance, passée à l'état de loi ; mais l'Allemagne était restée à cet égard dans un état d'anarchie incontestable, et les efforts qu'on y faisait pour s'approprier des formes étrangères ne paraissaient, au lieu de la dissimuler à grand'peine, qu'augmenter cette anarchie. L'évidente infériorité où la nation allemande était tombée pour tout ce qui concerne la forme (et qu'est-ce qui ne la concerne pas ?) retarda si longtemps aussi, par une conséquence naturelle, le développement de l'art et de la littérature en Allemagne, que jusqu'à la seconde moitié du dernier siècle il ne s'y était pas produit un mouvement pareil à celui que les nations romanes avaient vu s'accomplir dès le commencement de la Renaissance. Ce mouvement en Allemagne ne pouvait guère avoir au début d'autre caractère que celui d'une réaction contre les formes étrangères qu'on défigurait‘ et qui défiguraient. Cette réaction ne pouvait avoir lieu en faveur d'une forme allemande étouffée, car en réalité il n'en existait aucune ; aussi ce mouvement poussait-il à la découverte d'une forme idéale, purement humaine, et qui n'appartînt pas exclusivement à une nationalité. L'activité si originale, si nouvelle, sans analogue dans l'histoire de l'art, des deux grands poëtes allemands, Gœthe et Schiller, a son trait distinctif : c'est la première fois que cette recherche d'une forme idéale, purement humaine, d'une valeur illimitée, soit devenue l'objet du génie, et cette recherche constitue, ou peu s'en faut, un des buts essentiels de leurs créations. Rebelles au joug de la forme dont les nations romanes acceptaient encore la loi, ils furent conduits à considérer cette forme en elle-même, à se rendre compte de ses inconvénients comme de ses avantages, à remonter de ce qu'elle est actuellement jusqu'à l'origine de toutes les formes de l'art en Europe, à savoir la forme grecque, à s'ouvrir avec la liberté nécessaire la pleine intelligence de la forme antique, à s'élever enfin, appuyés sur celle-ci, à une forme idéale, purement humaine, affranchie de toute entrave de mœurs nationales, appelée par conséquent à transformer ces mœurs nationales en mœurs purement humaines, soumises uniquement aux lois éternelles. L'infériorité, où la nation allemande s'était trouvée jusqu'ici vis- à-vis des nations romanes, devenait un avantage. Le Français, par exemple, se trouvant en face d'une forme perfectionnée, dont toutes les parties constituaient un harmonieux ensemble, assujettie à des lois qui le contentaient pleinement

et qu'il acceptait sans résistance comme immuables,
se sentait astreint à une perpétuelle reproduction de
cette forme, et par suite condamné à une sorte de sta-
gnation (ce mot pris dans un sens supérieur); l'Allemand, sans nier les avantages d'une telle situation, n'en
reconnaissait pas moins ses inconvénients et ses périls;
les lourdes entraves qu'elle créait ne lui échappaient pas,
et il voyait en perspective une forme idéale, qui lui
offrait ce que toute forme avait d'impérissable, mais débarrassée des chaînes du hasard et du faux. La valeur
immense de cette forme consistait en ce que, dégagée
du caractère étroit d'une nationalité particulière, elle doit
être accessible à toute intelligence. Si, quant à la littérature, la diversité des langues européennes fait obstacle
à cette universalité, la musique est une langue également
intelligible à tous les hommes, et elle devait être la
puissance conciliatrice, la langue souveraine, qui, résol-
vant les idées en sentiments, offrait un organe univer-
sel de ce que l'intuition de l'artiste a de plus intime;
organe d'une portée sans limites, surtout si l'expression
plastique de la représentation théâtrale lui donnait cette
clarté que la peinture a pu seule jusqu'ici réclamer comme
son privilége exclusif.

Vous voyez d'ici à vol d'oiseau le plan, le dessin de
l'œuvre, dont l'idéal s'offrait de plus en plus clair à ma
pensée. Ce plan, je n'ai pu m'empêcher autrefois de
l'esquisser théoriquement; c'était à une époque où j'é-
prouvais une aversion sans cesse grandissante pour le
genre qui avait avec l'idéal dont j'étais occupé la ressemblance repoussante du singe avec l'homme; c'était

à ce point que je me sentais tenté de fuir bien loin devant un tel spectacle dans la plus complète retraite.

Je voudrais vous faire comprendre cette crise de ma
vie, sans vous fatiguer pourtant de détails biographi-
ques; souffrez donc que, de tout cela, je vous peigne
seulement le singulier combat que doit soutenir un musicien allemand de nos jours, lorsque, l'âme pleine de
la symphonie de Beethoven, il est conduit à aborder
l'opéra moderne tel que je vous l'ai décrit en Allemagne.

Malgré une éducation scientifique sérieuse, j'avais dès
ma première jeunesse vécu en relations étroites, conti-
nuelles avec le théâtre. Cette partie de ma vie tombe
dans les dernières années de Charles-Marie de Weber;
il dirigeait alors en personne dans la ville que j'habitais,
à Dresde, l'exécution de ses opéras. Je reçus de ce maître
mes premières impressions musicales; ses mélodies me
remplissaient d'enthousiasme, son caractère et sa nature
exerçaient sur moi une vraie fascination; sa mort dans
un pays éloigné remplit de désolation mon cœur d'enfant. La mort de Beethoven suivit de près celle de Weber;
ce fut la première fois que j'entendis parler de lui, et
c'est alors que je fis connaissance avec sa musique,
attiré, si je puis le dire, par la nouvelle de sa mort. Ces
impressions sérieuses développaient en moi une incli-
nation de plus en plus énergique pour la musique. Ce
ne fut que plus tard cependant, lorsque déjà mes études
m'avaient introduit dans l'antiquité classique et inspiré
quelques essais poétiques, que j'en vins à étudier la musique plus à fond. J'avais composé une tragédie, et je

voulais écrire pour cette tragédie un accompagnement musical. On dit que Rossini demanda un jour à son professeur si, pour composer des opéras, il lui était nécessaire d'apprendre le contrepoint, et le professeur qui ne songeait qu'à l'opéra italien moderne ayant répondu que non, l'écolier s'abstint : il ne demandait pas mieux. Eh bien, mon professeur, après m'avoir enseigné les procédés les plus difficiles du contre-point, me dit : « Il est probable que vous n'aurez jamais à écrire une fugue ; mais sachez l'écrire, et vous serez indépendant dans votre art, et tout le reste vous sera facile. » C'est ainsi exercé que j'entrai dans la carrière de directeur de musique au théâtre, et que je commençai à faire des opéras sur des poëmes dont j'étais l'auteur.

Que cette courte notice biographique vous suffise. Après ce que je vous ai dit de l'opéra en Allemagne, vous pouvez prévoir aisément la marche ultérieure de mon esprit. La direction de nos opéras ordinaires me causait un sentiment particulier de malaise, une sorte d'ennui poignant, mais souvent encore ce sentiment était interrompu par un bonheur et un enthousiasme que je ne puis dire, lorsque, par intervalles, on exécutait des œuvres plus nobles, et que l'incomparable effet des combinaisons musicales réunies au drame se faisait au moment même de la représentation sentir à mon âme, avec une profondeur, une énergie, une vivacité dont nul autre art ne peut approcher. L'espoir de rencontrer sans cesse de nouvelles impressions du même genre, qui m'entr'ouvraient, comme les rapides lueurs de l'éclair, un monde de possibilités inconnues, voilà ce qui continuait à me tenir enchaîné au théâtre, malgré le dégoût que j'éprouvais dans l'ornière, creusée sans retour, par nos représentations d'opéra. Entre autres impressions de ce genre qui m'affectèrent avec une intensité particulière, je me rappelle un opéra de Spontini que j'entendis exécuter à Berlin sous la direction même du maître ; je me sentis aussi pendant un certain temps ravi dans un monde supérieur en faisant étudier à une petite compagnie d'opéra le magnifique opéra de *Joseph*, de Méhul. Lorsqu'il y a vingt ans à peu près, je vins m'établir à Paris pour assez longtemps, les représentations du grand opéra, la perfection de l'exécution musicale et de la mise en scène, ne pouvaient manquer de produire sur moi une impression d'éblouissement et de m'enflammer. Mais, depuis longtemps déjà, une cantatrice et une tragédienne dont le mérite, à mes yeux du moins, n'a été jamais surpassé, avait par ses représentations produit sur mon esprit une impression ineffaçable et décisive : c'était Mme Schrœder-Devrient. L'incomparable talent dramatique de cette artiste, l'inimitable harmonie et le caractère individuel de son jeu, toutes ces choses dont mes yeux et mes oreilles s'étaient nourris ardemment, avaient exercé sur moi un charme qui décida de toute ma direction d'artiste. De tels effets étaient possibles, je l'avais vu, et l'âme remplie de ces souvenirs, je m'étais accoutumé à de légitimes exigences, non-seulement quant à la musique et à l'exécution dramatique, mais de plus quant à la conception à la fois poétique et musicale d'une œuvre à laquelle je ne puis guère donner encore le nom d'*opéra*. J'étais attristé de voir cette artiste réduite, pour alimenter son talent, à s'approprier les productions les plus nulles dans le champ de l'opéra. Je ne pouvais d'ailleurs m'étonner assez de la profondeur et de la ravissante beauté qu'elle savait prêter au personnage de Roméo, dans le faible opéra de Bellini ; mais je me disais au même moment ce que devrait être l'œuvre incomparable dont toutes les parties seraient parfaitement dignes du talent d'une telle artiste, et d'une réunion d'artistes de même ordre.

Exalté par de telles impressions, l'idée de ce qui était à faire dans le genre de l'opéra s'élevait en moi de plus en plus ; et cette idée m'apparaissait de plus en plus réalisable en rassemblant dans le lit du drame musical le riche torrent de la musique allemande, telle que Beethoven l'avait faite ; par contre-coup, j'étais plus choqué, plus découragé chaque jour par mon commerce habituel avec l'opéra proprement dit ; il était si loin de l'idéal que je m'étais formé ! A mesure qu'il apercevait plus nettement la possibilité de réaliser une œuvre infiniment plus parfaite, à mesure qu'il se voyait enfermé davantage, par les fonctions qu'il exerçait, dans le cercle magique et indestructible du genre où il voyait tout l'opposé de l'idéal qui le remplissait, le malaise de l'artiste croissait sans cesse et avait fini par devenir insupportable. Permettez-moi de le peindre en quelques traits. Toutes mes tentatives pour opérer une réforme dans l'institution de l'opéra, mes projets d'imprimer par des efforts résolûment avoués une direction qui conduisît à la réalisation de mes désirs, ma volonté de faire de l'excellent, qui se rencontre si rarement, la mesure de toutes les productions, tout fut peine perdue. Enfin je dus comprendre clairement dans quel but on cultive le théâtre moderne, et pourquoi est fait en particulier l'opéra ; et cette découverte, à laquelle je ne pus fermer les yeux, fut ce qui me remplit de dégoût, de désespoir, à tel point, qu'abjurant tout essai de réforme, je rompis tout commerce avec cette frivole institution.

Les circonstances m'engageaient puissamment à m'expliquer la constitution du théâtre moderne, et sa résistance à tout changement, par la place qu'il occupe dans la société. Je voyais dans l'opéra une institution dont la destination spéciale est presque exclusivement d'offrir une distraction et un amusement à une population aussi ennuyée qu'avide de plaisir ; je le voyais en outre obligé de viser au résultat pécuniaire pour faire face aux dépenses que nécessite l'appareil pompeux qui a tant d'attrait ; et je ne pouvais me cacher qu'il y eût une vraie folie à vouloir tourner cette institution vers un but diamétralement opposé, c'est-à-dire l'appliquer à arracher un peuple aux intérêts vulgaires qui l'occupent tout le jour pour l'élever au culte et à l'intelligence de ce que l'esprit humain peut concevoir de plus profond et de plus grand. J'avais le temps de réfléchir sur les raisons qui ont réduit le théâtre à ce rôle dans notre vie publique ; de rechercher d'autre part les principes sociaux qui auraient le théâtre, tel que je le rêvais, pour résultat aussi nécessaire que l'est le théâtre actuel de l'état de la société moderne. J'avais trouvé dans quelques rares créations d'artistes inspirés une base réelle où asseoir mon idéal dramatique et musical ; maintenant l'histoire m'offrait à son tour le modèle et le type des relations idéales du théâtre et de la vie publique, telles que je les concevais. Je le trouvais, ce modèle, dans le théâtre de l'ancienne Athènes : là, le théâtre n'ouvrait son enceinte qu'à certaines solennités, où s'accomplissait une fête religieuse qu'accompagnaient les jouissances de l'art; les hommes les plus distingués de l'État prenaient à ces solennités une part directe comme poëtes ou directeurs, ils paraissaient, comme les prêtres, aux yeux de la population assemblée de la cité et du pays; et cette population était remplie d'une si haute attente de la sublimité des œuvres qui allaient être représentées devant elle, que les poëmes les plus profonds, ceux d'un Eschyle et d'un Sophocle, pouvaient être proposés au peuple, et assurés d'être parfaitement entendus. Alors s'offrirent à moi les raisons, douloureusement cherchées, de la chute de cet art incomparable; mon attention s'arrêta premièrement sur les causes sociales de cette chute, et je crus les trouver dans les raisons qui avaient amené celle de l'état antique lui-même. Puis je cherchai à déduire de cet examen les principes d'une organisation politique des races humaines, qui, en corrigeant les imperfections de l'état antique, pût fonder un ordre de choses où les relations de l'art et de la vie publique, telles qu'elles existaient à Athènes, renaîtraient mais plus nobles, si cela est possible, et en tout cas plus durables. Je déposai les pensées qui se présentèrent à moi sur ce sujet dans un petit écrit, intitulé *l'Art et la Révolution*. Mon premier désir avait été de les publier en une suite d'articles dans un journal politique français; c'était en 1849. On m'assura que le moment était mal choisi pour appeler l'attention du public parisien sur un objet de cette nature; je renonçai à cette idée. C'est moi-même qui crois aujourd'hui qu'il serait un peu long de vous déduire le contenu de cette brochure; je ne l'essayerai pas, et vous me saurez gré, j'en suis sûr, de cette réserve. Ce que j'ai dit plus haut vous suffira pour voir à quelles méditations, étrangères en apparence à mon objet, je me livrai pour trouver un terrain réel et pourtant idéal encore qui servît de base à l'idéal d'art qui m'occupait.

Je me mis à chercher alors ce qui caractérise cette dissolution si regrettée du grand art grec, et cet examen me retint plus longtemps. Je fus frappé d'abord d'un fait singulier, c'est la séparation, l'isolement des différentes branches de l'art réunies autrefois dans le drame complet. Associés successivement, appelés à coopérer tous à un même résultat, les arts avaient fourni, pâr leur concours, le moyen de rendre intelligibles à un peuple assemblé les buts les plus élevés et les plus profonds de l'humanité; puis les différentes parties constituantes de l'art s'étaient séparées, et désormais, au lieu d'être l'instituteur et l'inspirateur de la vie publique, l'art n'était plus que l'agréable passe-temps de l'amateur, et tandis que la multitude courait aux combats de gladiateurs ou de bêtes féroces dont on faisait l'amusement public, les plus délicats égayaient leur solitude en s'occupant des lettres ou de la peinture. Fait d'une importance capitale pour moi, je crus ne pouvoir m'empêcher de reconnaître que les divers arts, isolés, séparés, cultivés à part, ne pouvaient, à quelque hauteur que de grands génies eussent porté en définitive leur puissance d'expression, essayer pourtant, sans retomber dans leur rudesse native et se corrompre fatalement, de remplacer d'une façon quelconque cet art d'une portée sans limites, qui résultait précisément de leur réunion. Fort de l'autorité des plus éminents critiques, par exemple des recherches d'un Lessing sur les limites de la peinture et de la poésie, je me crus en possession d'un résultat solide : c'est que chaque art tend à une extension indéfinie de sa puissance, que cette tendance le conduit finalement à sa limite, et que cette limite il ne saurait la franchir sans courir le risque de se perdre dans l'incompréhensible, le bizarre et l'absurde. Arrivé là, il me sembla voir clairement que chaque art demande, dès qu'il est aux limites de sa puissance, à donner la main à l'art voisin ; et, en vue de mon idéal, je trouvai un vif intérêt à suivre cette tendance dans chaque art particulier ; il me parut que je pouvais la démontrer de la manière la plus frappante dans les rapports de la poésie à la musique, en présence surtout de l'importance extraordinaire qu'a prise la musique moderne. Je cherchais ainsi à me représenter l'œuvre d'art qui doit embrasser tous les arts particuliers et les faire coopérer à la réalisation supérieure de son objet ; j'arrivai par cette voie à la conception réfléchie de l'idéal qui s'était obscurément formé en moi, vague image à laquelle l'artiste aspirait. La situation subordonnée du théâtre dans notre vie publique, situation dont j'avais si bien reconnu le vice, ne me permettait pas de croire que cet idéal pût arriver de nos jours à une réalisation complète ; je le désignai donc sous le nom

d'*Œuvre d'art de l'avenir*. C'est le titre que je donnai à
un écrit développé dans lequel j'exposais avec plus de
détails les idées que je viens d'indiquer ; c'est à ce titre
que nous sommes redevables (soit dit en passant) de
ce spectre, si bien inventé, d'une « musique de l'avenir.»
Ce spectre est devenu si populaire qu'on l'a vu courir
comme un revenant jusque dans des écrits français. Vous
pouvez à cette heure comprendre clairement sur quel mal-
entendu cette invention a été imaginée, et dans quel but.

Je vous épargnerai encore, Monsieur, une analyse
détaillée de cet écrit. Je ne lui accorde moi-même
d'autre valeur que celle que peuvent y trouver des esprits,
pour lesquels il ne serait pas sans intérêt d'apprendre
comment et sous quelle forme un artiste, qui produit,
s'est efforcé d'arriver, par tous les moyens, à la solution de problèmes réservés jusque-là aux critiques de
profession, mais qui ne peuvent guère s'imposer à
ceux-ci de la même manière qu'à l'artiste.

J'userai de la même réserve avec un troisième que je
publiai peu de temps après le précédent sous ce titre :
Opéra et Drame. Je ne veux que vous en esquisser rapidement le contenu ; je ne puis, au surplus, m'empêcher
de croire que les vues qui s'y trouvent exposées dans le
plus grand détail ont eu alors plus d'intérêt pour moi
qu'elles ne sauraient en avoir pour d'autres désormais.
C'étaient des méditations intimes, que, sous l'aiguillon de l'intérêt extrêmement vif que je prenais à
mon objet, je me laissais aller à présenter en partie
avec un caractère polémique, et cet objet était une recherche attentive des rapports que la poésie soutient

avec la musique, envisagés cette fois au point de vue dominant de l'œuvre dramatique.

Je me croyais, dans ce livre, obligé de combattre, avant tout, l'opinion erronée de ceux qui s'étaient imaginé que, dans l'opéra proprement dit, l'idéal se trouvait atteint ou du moins immédiatement préparé. En Italie, mais surtout en France et en Allemagne, ce problème a occupé les esprits les plus éminents de la littérature. Le débat des gluckistes et des piccinistes à Paris n'était autre chose qu'une controverse, insoluble de sa nature, sur la question de savoir si c'est dans l'opéra que peut être atteint l'idéal du drame. Ceux qui s'étaient crus fondés à soutenir cette thèse se voyaient, malgré leur victoire apparente, mis en échec par leurs adversaires, dès que ceux-ci décrivaient la prééminence de la musique dans l'opéra, prééminence telle que c'était à la musique et non à la poésie que l'opéra devait son succès. Voltaire, qui inclinait en théorie à admettre la première façon de voir, était ramené par la réalité à cette proposition désespérante : « Ce qui est trop sot pour être dit, on le chante. » En Allemagne, le même problème, soulevé d'abord par Lessing, était discuté entre Schiller et Gœthe, et tous deux penchaient vers l'attente du développement le plus favorable de l'opéra ; et cependant Gœthe, par une contradiction frappante avec son opinion théorique, confirmait malgré lui ce mot de Voltaire ; car il a lui-même composé plusieurs textes d'opéra, et, pour se tenir au niveau du genre, il a trouvé bon de rester, dans l'invention comme dans l'exécution, aussi trivial que possible : aussi ne peut-on voir sans regret ces pièces d'une platitude absolue admises au nombre de ses poésies.

Cette opinion favorable à l'opéra, sans cesse conçue par les têtes les mieux faites, et toujours démentie par la réalité, portait d'un côté témoignage de la possibilité, prochaine en apparence, d'atteindre la perfection dans le drame par une parfaite réunion de la poésie et de la musique; elle trahissait d'autre part ce qu'a de radicalement défectueux l'opéra proprement dit. Ce vice essentiel de l'opéra ne pouvait par sa nature même se faire sentir d'abord au musicien, et devait du reste échapper aussi nécessairement au littérateur. Le poëte, qui n'était pas lui-même le musicien, trouvait dans l'opéra un ensemble invariable de formes musicales, et cet ensemble lui prescrivait d'avance les lois déterminées auxquelles devait satisfaire l'échafaudage dramatique dont il était chargé.

Le poëte ne pouvait rien changer à ces formes, cela n'appartenait qu'au musicien. Quelle était la valeur de ces formes? C'est ce que le poëte, qu'on prenait pour auxiliaire, découvrait sans le vouloir; il le découvrait par la nécessité où il se sentait réduit d'abaisser, dans l'invention du sujet et la composition des vers, son talent de poëte jusqu'à cette frivolité plate et avouée que Voltaire a flagellée si justement. En vérité, il n'est pas besoin de faire voir la pauvreté, la platitude, le ridicule du genre *livret d'opéra*; en France, même, les meilleurs essais du genre ont consisté plutôt à voiler le mal qu'à le détruire. Le mécanisme propre de l'opéra est donc toujours resté un objet étranger au poëte; il ne pouvait y toucher, il n'avait qu'à s'y assujettir; aussi jamais, sauf

de rares et malheureuses exceptions, un vrai poëte n'a-
t-il rien voulu avoir à faire avec l'opéra.

La question est maintenant de savoir comment le musicien eût pu donner à l'opéra sa signification idéale,
si le poëte ne peut, dans la part réelle qu'il y prend,
maintenir les exigences auxquelles toute pièce dramatique raisonnable est tenue de satisfaire. Devait-on l'attendre du musicien, qui sans cesse et uniquement
préoccupé du perfectionnement des formes purement
musicales, ne voyait autre chose dans l'opéra qu'un
champ où déployer son propre talent? Il y avait quelque
chose de contradictoire et d'absurde à concevoir une pareille attente du musicien, et c'est ce que j'ai, je crois,
assez correctement démontré dans la première partie
de mon écrit *Opéra et Drame.* En m'exprimant sur ce
que de grands maîtres ont produit sur ce terrain de
beautés entraînantes, je pouvais mettre en lumière les
côtés faibles de leurs œuvres sans porter aucune atteinte
à leur renommée établie, car je trouvais la cause de ces
imperfections dans le vice radical du genre lui-même;
mais le point qui m'intéressait surtout après une exposition de cette nature, toujours un peu fâcheuse, était
de prouver que cette perfection idéale de l'opéra, rêve
de tant d'esprits supérieurs, supposait une première
condition : c'était que la coopération du poëte changeât
totalement de caractère.

Dans cette pensée, j'essayais de montrer que ce rôle
du poëte dans l'opéra, rôle décisif à mes yeux, il l'acceptait volontiers, il y aspirait lui-même, et pour cela
j'invoquais surtout les espérances des grands poëtes

indiquées plus haut, leurs désirs manifestés si souvent
et avec tant de force de voir l'opéra élevé à la hauteur
d'un genre idéal. Je cherchais ce que voulaient dire ces
espérances obstinées ; j'en trouvais, à ce qu'il me semblait, l'explication dans un penchant naturel au poëte et
qui domine chez lui la conception comme la forme ; ce
penchant est d'employer l'instrument des idées abstraites,
la langue, de telle sorte qu'elle agisse sur la sensibilité
elle-même. Cette tendance est manifeste dans l'invention
du sujet poétique ; le seul tableau de la vie humaine qui soit
appelé poétique est celui où les motifs qui n'ont de sens
que pour l'intelligence abstraite font place aux mobiles
purement humains qui gouvernent le cœur. La même
tendance est la loi souveraine qui préside à la forme et
à la représentation poétique. Le poëte cherche, dans son
langage, à substituer à la valeur abstraite et conventionnelle des mots leur signification sensible et originelle;
l'arrangement rhythmique et l'ornement (déjà presque
musical) de la rime, lui sont des moyens d'assurer au
vers, à la phrase, une puissance qui captive comme par
un charme et gouverne à son gré le sentiment. Essentielle au poëte, cette tendance le conduit jusqu'à la limite
de son art, limite que touche immédiatement la musique ; et par conséquent l'œuvre la plus complète du
poëte devrait être celle qui, dans son dernier achève-
ment, serait une parfaite musique.

De là, je me voyais nécessairement amené à désigner
le *mythe* comme matière idéale du poëte. Le mythe est
le poëme primitif et anonyme du peuple, et nous le
trouvons à toutes les époques repris, remanié sans cesse

à nouveau par les grands poëtes des périodes cultivées.
Dans le mythe, en effet, les relations humaines dépouil-
lent presque complétement leur forme conventionnelle
et intelligible seulementà la raison abstraite; elles montrent ce que la vie a de vraiment humain, d'éternellement compréhensible, et le montrent sous cette forme
concrète, exclusive de toute imitation, laquelle donne
à tous les vrais mythes leur caractère individuel, que
vous reconnaissez au premier coup d'œil. Je consacrai
à ces recherches la deuxième partie de mon livre, et
elles me conduisirent à cette question: Quelle est la
forme la plus parfaite sous laquelle doive être représentée cette matière poétique idéale?

J'examinais à fond dans une troisième partie ce que
comporte la forme sous le rapport technique, et voici
l'énoncé du résultat auquel ces recherches aboutissaient.
Le développement extraordinairement riche et tout à fait
inconnu aux siècles passés qu'a pris la musique à notre
époque, permet seul de mettre au jour tout ce dont la
forme est capable.

Voilà une proposition grave, et j'en sens trop bien la
gravité pour ne pas regretter que ce ne soit pas ici le
lieu de me livrer à un examen approfondi d'une pareille
thèse. Je l'ai fait, je crois, avec assez d'étendue dans la
troisième partie de mon livre, et d'une manière qui suffit
au moins à ma conviction.

Si donc j'entreprends ici de vous communiquer en
quelques traits mes vues sur cet objet, je réclame de vous
en même temps un acte de confiance; c'est d'admettre
que ce que mes paroles peuvent avoir ici de paradoxal

à vos yeux, se trouve dans mon ouvrage, appuyé de preuves plus détaillées.

Depuis la naissance des beaux-arts parmi les peuples chrétiens de l'Europe, il en est deux qui ont reçu, à n'en pas douter, un développement tout à fait nouveau, et atteint une perfection qu'ils n'eurent jamais dans l'antiquité classique; ces deux arts sont la peinture et la musique. La perfection admirable et vraiment idéale où la peinture est parvenue dès le premier siècle de la renaissance est chose incontestée, et ce qui caractérise cette perfection a été supérieurement étudié; aussi, n'avons-nous que deux points à constater ici, d'abord la nouveauté de ce phénomène dans l'histoire générale de l'art, ensuite que ce développement appartient en propre à l'art moderne. La même observation s'applique, avec un plus haut degré de vérité et d'importance encore, à la musique moderne. L'harmonie, que l'antiquité a complétement ignorée, l'extension prodigieuse et le riche développement qu'elle a reçus par la polyphonie, sont choses dont l'invention appartient exclusivement aux derniers siècles.

Nous ne connaissons la musique, chez les Grecs, qu'associée à la danse. Le mouvement de la danse assujettissait la musique et le poëme que le chanteur récitait comme motif de danse aux lois du rhythme: ces lois réglaient d'une manière si complète le vers et la mélodie, que la musique grecque (et ce mot impliquait presque toujours la poésie) ne peut être considérée que comme la danse exprimée par des sons et des paroles. Ce furent des motifs de danse, lesquels constituent le corps de toute la musique antique, qui, attachés originairement au culte païen, et perpétués dans le peuple, furent conservés par les premières communautés chrétiennes, et appliqués par elles aux cérémonies du culte nouveau à mesure qu'il se formait. La gravité de ce culte, qui proscrivait absolument la danse comme chose profane et impie, dut faire disparaître ce que la mélodie antique avait pour caractère essentiel, la vivacité et la variété extrême du rhythme ; et l'on vit s'y substituer dans la mélodie le rhythme dépourvu de toute espèce d'accent, qui caractérise le choral encore usité de nos jours dans les églises. En perdant la mobilité rhythmique, cette mélodie perdait aussi son motif particulier d'expression; dès qu'on lui enlevait cet ornement du rhythme, on la dépouillait presque de toute puissance expressive, comme il est aisé de s'en convaincre pour peu qu'on l'imagine destituée encore de l'harmonie qui s'y trouve jointe aujourd'hui. Pour relever l'expression mélodique d'une manière conforme à l'esprit chrétien, on fut conduit à inventer l'harmonie polyphone sur le principe de l'accord à quatre voix : cet accord, par son alternation caractéristique, servait désormais de motif à l'expression mélodique comme l'avait fait le rhythme autrefois. A quelle admirable profondeur d'expression, qu'on n'avait jusque-là jamais soupçonnée, ce moyen porta la phrase mélodique, nous le voyons avec un ravissement toujours nouveau dans les chefs-d'œuvre vraiment incomparables de la musique d'église italienne. Les différentes voix, uniquement destinées à faire entendre à l'oreille l'accord harmonique fondamental avec la note de la mélodie, recevaient enfin elles-mêmes un développement progressif, plein de liberté et d'expression ; à l'aide de ce qu'on appelle l'art du contre-point, chacune des voix, soumises à la mélodie proprement dite, qu'on appelait *canto fermo*, put se mouvoir avec une expression indépendante, et cela engendra, dans les œuvres des maîtres, les plus consacrés, un chant d'église dont l'exécution produisait sur l'âme un effet si merveilleux, si profond que nul autre ne saurait lui être comparable.

La décadence de cet art en Italie, et le perfectionnement par les Italiens de la mélodie d'opéra, sont deux faits connexes, que je ne puis appeler qu'un retour au paganisme. Tandis que l'Église déclinait, il se développait chez les Italiens un goût vif pour les applications profanes de la musique ; on recourut au moyen le plus aisé, ce fut de rendre à la mélodie sa propriété rhythmique particulière et de l'appliquer au chant tout comme on l'avait fait autrefois à la danse. Il y avait entre le vers moderne qui s'était formé en harmonie avec la mélodie chrétienne, et la mélodie dansante qu'on lui associait, des incompatibilités étonnantes ; mais je ne veux pas m'y arrêter, et je tiens seulement à vous faire remarquer que cette mélodie et ce vers étaient presque complétement indifférents l'un à l'autre, et que le mouvement de la mélodie, capable de toutes les variations, dépendait en définitive presque uniquement de la volonté du virtuose. Mais une chose surtout nous détermine à signaler la création de cette mélodie comme un pas rétrograde et non comme un progrès ; c'est qu'elle ne sut tirer aucun parti de ce que la musique chrétienne avait inventé et dont l'importance immense est incontestable, l'harmonie et la polyphonie qui en est le corps. Sur une base harmonique si misérable qu'on peut à son gré la priver de tout accompagnement, la mélodie italienne d'opéra s'est aussi contentée, quant à l'agencement et à la liaison de ses parties, d'une structure des périodes si pauvre que le musicien cultivé de notre temps ne peut rencontrer sans un triste étonnement cette forme indigente et presque enfantine de l'art, dont les étroites limites condamnent le compositeur de génie lui-même, qui embrasse cet art, à une immobilité absolue.

Le même besoin de séculariser la musique d'église se manifesta en Allemagne; il conduisit à des résultats d'une importance toute nouvelle. Les maîtres allemands revinrent aussi à la mélodie rhythmique primitive, telle qu'elle s'était perpétuée sans interruption dans le peuple sous forme d'airs de danse nationaux. Mais au lieu de renoncer à la riche harmonie de la musique chrétienne, ces maîtres cherchèrent au contraire à donner à l'harmonie une perfection nouvelle en l'associant à la mélodie rhythmique d'un mouvement très-vif; ils s'efforcèrent de parvenir à combiner étroitement le rhythme et l'harmonie dans l'expression mélodique. De cette manière non-seulement la polyphonie conserva sa liberté de mouvement, mais elle fut portée à un degré de perfection tel que chacune des voix put, grâce à l'art du contre-point, contribuer avec indépendance à rendre la mélodie rhythmique, et il en résulta que la mélodie ne se fit plus entendre, comme au début, dans le *canto fermo*, mais dans chacune des voix concertantes. De là dans le chant d'église même, lorsque l'essor lyrique amenait la mélodie rhythmique, la possibilité de viser à des effets d'une puissance irrésistible, d'une variété inouïe et exclusivement propres à la musique; j'en appelle à quiconque aura eu le bonheur d'entendre une belle exécution des compositions vocales de Sébastien Bach, et entre autres je rappellerai spécialement ici le motet à huit voix « Chantez à Dieu un nouveau chant », dont la mélodie rhythmique retentit à travers les flots d'un océan d'harmonie.

Ce perfectionnement de la mélodie rhythmique sur la base de l'harmonie chrétienne devait s'achever enfin, et atteindre jusqu'aux nuances les plus délicates et les plus variées de l'expression dans la musique instrumentale. Sans vous occuper principalement de l'importance de l'orchestre sous le rapport de l'intensité, veuillez, je vous prie, songer uniquement, quant à présent, à l'extension dans les formes qu'y reçoit la mélodie de danse primitive. Le perfectionnement du quatuor d'instruments à cordes fait prévaloir dans l'orchestre, comme elle avait prévalu dans le concert chantant de la musique d'église, la direction qui consiste à traiter d'une façon indépendante les différentes voix, et l'orchestre est relevé par là de la position subalterne qui l'avait réduit jusqu'alors, comme il l'est encore aujourd'hui dans l'opéra italien, au rôle de simple accompagnement rhythmique et harmonique. Il est du plus haut intérêt (et c'est l'unique moyen de s'expliquer l'essence des formes musicales) d'observer ici tous les efforts des maîtres allemands; ils ont eu pour objet de donner à la simple mélodie de danse,

rendue par les instruments d'une façon indépendante, u
développement de plus en plus large, de l'enrichir, (
l'étendre par degrés. Cette mélodie consistait uniqu
ment dans le principe en une courte période de quat
mesures essentielles, qui étaient redoublées ou même mu
tipliées; lui donner une plus grande extension et arriv
ainsi à une forme plus vaste, où l'harmonie puisse se dé
ployer aussi avec plus de richesse, telle paraît avoir é
la tendance fondamentale de nos maîtres. La forme sp
ciale de la fugue appliquée à la mélodie de dans
fournit l'occasion d'étendre aussi la durée du morceau
elle permettait de faire alterner la mélodie dans tout
les voix, de la reproduire tantôt abrégée tantôt allongé
de la montrer tour à tour sous des aspects variés p
la modulation harmonique, et de lui conserver, par d
thèmes juxtaposés ou contrastés au moyen du contr
point, un mouvement intéressant. Un second procé
consista à combiner ensemble plusieurs mélodies c
danse, à les faire alterner selon leur expression carac
téristique, et à les relier par des transitions pour le
quelles l'art du contre-point fournit des ressources pa
ticulières. Sur cette base si simple s'éleva la symphon
proprement dite. Ce fut le génie de Haydn, qui donn
pour la première fois à cette forme ses vastes propo
tions, et par l'inépuisable variété des motifs, liés
transformés de mille manières, porta sa puissance e
pressive à une hauteur encore inconnue. La mélod
italienne d'opéra avait dépéri par indigence de structur
et de forme; mais grâce aux chanteurs les mieux dou
sous le rapport du talent et de l'âme, soutenue par l

plus noble organe de la musique, elle avait acquis, néanmoins, pour l'oreille une grâce de coloris, une suavité
de sons inconnue jusque-là aux maîtres allemands et qui
manquait à leurs mélodies instrumentales. Ce fut Mozart
qui, pénétré de ce charme, parvint en même temps à
donner à l'opéra italien le riche développement de la
musique instrumentale allemande, et à la mélodie de
l'orchestre, toute la douceur de l'air chanté italien. Les
deux maîtres Haydn et Mozart transmirent leur héritage déjà si riche et si plein de promesses à Beethoven;
et celui-ci porta la symphonie à une telle largeur et à
une telle puissance de forme, il remplit cette forme
d'une si grande et si irrésistible variété de richesses mélodiques, que la symphonie de Beethoven se dresse
aujourd'hui devant nous comme une colonne qui indique
à l'art une nouvelle période; car avec cette symphonie
a été enfantée au monde une œuvre à laquelle l'art
d'aucune époque ni d'aucun peuple n'a rien à opposer
qui en approche ou qui y ressemble.

Les instruments parlent dans cette symphonie une
langue dont aucune époque n'avait encore eu connaissance; car l'expression, purement musicale jusque dans
les nuances de la plus étonnante diversité, enchaîne l'auditeur pendant une durée inouïe jusque-là, lui remue
l'âme avec une énergie qu'aucun autre art ne peut atteindre; elle lui révèle dans sa variété une régularité si
libre et si hardie, que sa puissance surpasse nécessairement pour nous toute logique, bien que les lois de la logique n'y soient nullement contenues, et qu'au contraire
la pensée rationnelle qui procède par principe et consé-

quence, ne trouve ici nulle prise. La symphonie doit donc nous apparaître, dans le sens le plus rigoureux, comme la révélation d'un autre monde; dans le fait, elle nous dévoile un enchaînement des phénomènes du monde qui diffère absolument de l'enchaînement logique habituel; et l'enchaînement qu'elle nous révèle présente avant tout un caractère incontestable : c'est de s'imposer à nous avec la persuasion la plus irrésistible et de gouverner nos sentiments avec un empire si absolu qu'il confond et désarme pleinement la raison logique.

Une nécessité métaphysique réservait précisément à notre époque la découverte de ce langage tout nouveau ; et cette nécessité gît, si je ne me trompe, dans le perfectionnement de plus en plus conventionnel des idiomes modernes. Si nous considérons avec attention l'histoire du développement des langues, nous apercevons encore aujourd'hui dans les racines des mots une origine d'où il résulte clairement que dans le principe la formation de l'idée d'un objet coïncidait d'une manière à peu près complète avec la sensation personnelle qu'il nous causait ; et peut-être n'est-il pas si ridicule d'admettre que la première langue humaine doit avoir eu avec le chant une grande ressemblance. Issue d'une signification des mots toute naturelle, personnelle et sensible, la langue de l'homme se développa dans une direction de plus en plus abstraite, et finalement les mots ne conservèrent plus qu'une signification conventionnelle ; le sentiment perdit toute participation à l'intelligence des vocables, en même temps que l'ordre et la liaison de ceux-ci finit par dépendre d'une façon exclusive et absolue de règles qu' fallait apprendre. Dans leurs développements nécessairement parallèles, les mœurs et la langue furent pareillement assujetties aux conventions, dont les lois n'étaient plus intelligibles au sentiment naturel, et ne pouvaient plus être comprises que de la réflexion qui les recevait sous forme de maximes enseignées. Depuis que les langues modernes de l'Europe, séparées de plus en des branches différentes, ont suivi avec une tendance de plus en plus décidée leur perfectionnement purement conventionnel, la musique s'est développée de son côté et est parvenue à une puissance d'expression dont il n'existait encore aucune idée. On dirait que sous la pression des conventions civilisées le sentiment humain s'est exalté, et a cherché une issue qui lui permît de suivre les lois de la langue qui lui est propre, et de s'exprimer d'une manière qui lui fût intelligible, avec une entière liberté et une pleine indépendance des lois logiques de la pensée. La prodigieuse popularité de la musique à notre époque, l'intérêt toujours croissant que toutes les classes de la société prennent aux genres de musique les plus profonds, l'empressement chaque jour plus vif à faire de la culture musicale une partie essentielle de l'éducation, tous ces faits, clairs, évidents, incontestables, témoignent à la fois de deux choses : l'une, que le développement moderne de la musique a répondu à un besoin profondément senti de l'humanité, l'autre que la musique, malgré l'obscurité de sa langue selon les lois de la logique, se fait nécessairement comprendre de l'homme avec une puissance victorieuse que ces mêmes lois ne possèdent pas.

En présence de cette nouveauté qu'on ne saurait méconnaître, il ne restait désormais à la poésie que deux voies pour se développer : il fallait qu'elle passât d'une manière complète dans le champ de l'abstraction, de la pure combinaison des idées, de la représentation du monde au moyen des lois logiques de la pensée; or cette œuvre est celle de la philosophie et non de la poésie ; ou bien elle devait se fondre intimement avec la musique, et avec cette musique dont la symphonie de Beethoven nous a révélé la puissance infinie.

La poésie en trouvera sans peine le moyen, elle reconnaîtra que sa secrète et profonde aspiration est de se résoudre finalement dans la musique, dès qu'elle apercevra dans la musique un besoin qu'à son tour la poésie peut seule satisfaire. Pour expliquer ce besoin, il faut constater avant tout cette inévitable phase dans la marche de l'intelligence humaine, où elle se sent pressée de découvrir la loi qui préside à l'enchaînement des causes, et se pose, en présence de tout phénomène dont elle reçoit une forte impression, cette question involontaire : « Pourquoi ? » Or c'est une question que l'audition même d'une symphonie ne peut empêcher complétement de s'élever; bien plus, comme elle ne peut y faire de réponse, elle confond la faculté de percevoir les causes, et suscite dans l'auditeur un trouble qui non-seulement est capable de tourner en malaise, mais devient de plus le principe d'un jugement radicalement faux. Répondre à cette question, à la fois troublante et inévitable, de telle sorte qu'elle cesse de s'élever et soit désormais en quelque sorte éludée, voilà ce que le poëte seul peut faire.

Mais le poëte lui-même ne saurait y parvenir sans un vif sentiment des tendances de la musique et de son inépuisable puissance d'expression ; car il faut qu'il construise son poëme de manière qu'il pénètre jusque dans les fibres les plus fines du tissu musical, et que l'idée qu'il exprime se résolve entièrement dans le sentiment. La seule forme poétique applicable ici est celle où le poëte, au lieu de décrire simplement, offre de son objet une représentation réelle et qui frappe les sens : cette forme est le drame. Au moment où il est représenté avec la réalité scénique, le drame éveille dans le spectacleur un intérêt profond pour une action qui s'accomplit devant lui, qui est, dans la mesure du possible, une fidèle imitation de la vie humaine. Cet intérêt élève déjà par lui-même les sentiments de sympathie jusqu'à une sorte d'extase, où l'homme oublie cette fatale question du pourquoi ; alors, dans le feu de ses transports, il se livre sans résistance à la direction des lois nouvelles par lesquelles la musique se fait si merveilleusement comprendre, et, dans une acception très-profonde, fait la seule réponse exacte à cette question : « Pourquoi ? »

Dans la troisième partie de l'écrit que j'ai rappelé plus haut, je cherchais enfin à déterminer avec précision les lois techniques selon lesquelles doit s'accomplir cette intime fusion de la musique et de la poésie dans le drame. A coup sûr, vous n'attendez pas de moi que j'essaye de répéter ici cette recherche ; l'esquisse qui précède ne vous a sans doute pas moins fatigué que moi, et je m'aperçois, à la fatigue que je ressens, que je suis presque revenu à l'état où j'étais il y a plusieurs années, lorsque je composai mes écrits théoriques; cet état infligeait à mon cerveau un étrange supplice; c'était un état anormal. Dieu me préserve d'y retomber jamais !

C'était, dis-je, un état anormal; ce que la conception et la production artistique avaient élevé pour moi au-dessus de toute espèce de doute et jusqu'à une certitude immédiate, je me sentais poussé à le traiter comme un problème théorique, afin d'arriver à la clarté d'une solution rationnelle et réfléchie, et pour cela j'étais forcé de me livrer à la méditation abstraite. Or, il n'est rien de plus étranger, de plus pénible à une nature d'artiste que ce procédé, si opposé au procédé qui lui est habituel. Aussi l'artiste ne peut-il s'y livrer avec le calme et le sang-froid obligé, qui est le propre du théoricien de profession; il se sent agité par une impatience passionnée qui l'empêche de consacrer au soin du style le temps nécessaire; cette conception, qui implique l'image complète de son objet, il voudrait la faire tenir tout entière dans chaque proposition ; le doute qui le tourmente à l'endroit du succès le pousse au même effort sans cesse répété; tout cela finit par le remplir d'une sorte de colère et d'irritation, choses que ne doit nullement connaître le théoricien. Les fâcheuses conséquences de cet état violent, le sentiment qu'il en a, ajoutent à son trouble; il se hâte d'achever son œuvre en soupirant, avec la triste persuasion de n'être finalement compris que par celui qui a, comme lui, pour l'éclairer l'intuition de l'artiste.

L'état où je me trouvais était, de plus, une espèce de combat; je cherchais à exprimer théoriquement ce que l'antagonisme de mes tendances artistiques et de nos institutions, particulièrement des théâtres d'opéra, ne me permettait pas de montrer avec une clarté qui eût forcé la conviction, par l'exécution immédiate d'une œuvre d'art. Je me sentais vivement aiguillonné à sortir de ces angoisses et à revenir à l'exercice normal de mes facultés d'artiste. J'ébauchai et je réalisai un plan dramatique de proportions si vastes que, ne suivant que les exigences de mon sujet, je renonçai de parti pris, dans cet ouvrage, à toute possibilité de le voir entrer jamais, tel qu'il est, dans notre répertoire d'opéra. Il eût fallu des circonstances extraordinaires pour que ce drame musical, qui ne comprend rien moins qu'une tétralogie complète, pût jamais être exécuté en public. Je concevais fort bien que la chose fût possible, et c'était assez, en l'absence absolue de toute idée de l'opéra moderne, pour flatter mon imagination, élever mes facultés, me débarrasser de toute fantaisie de réussir au théâtre, me livrer à une production désormais non interrompue, et me décider à suivre complétement, comme pour me guérir des souffrances cruelles que j'avais endurées, ma propre nature. L'ouvrage dont je vous parle, et dont la composition musicale est déjà depuis longtemps achevée aussi en grande partie, a pour titre : « *l'Anneau du Nibelung.* » Si la tentative que je fais aujourd'hui de vous présenter mes autres poëmes d'opéra dans une traduction en prose ne vous déplaît pas, peut-être serais-je disposé à renouveler cet essai pour ma tétralogie.

Tandis qu'ainsi parfaitement résigné à m'interdire désormais toutes relations d'artiste avec le public, j'étais tout entier à l'exécution de mes nouveaux plans, et réparais par là les fatigues de ma pénible excursion sur le domaine de la théorie spéculative, je jouissais d'un calme si parfait que les absurdes malentendus auxquels mes écrits théoriques donnèrent lieu presque partout, ne purent même pas me ramener sur ce terrain. Tout coup mes relations avec le public prirent un autre tour sur lequel je n'avais pas compté le moins du monde : mes opéras se répandaient.

De ces opéras, il en était un, *Lohengrin*, à l'exécution duquel je n'avais pris aucune part ; je n'avais fait représenter les autres qu'au théâtre où je remplissais moi-même une fonction ; et cependant ils se répandaient avec un succès croissant, passant d'un théâtre à l'autre, puis enfin sur tous les théâtres en Allemagne, et ils y avaient acquis une popularité soutenue et incontestable. Ce fait me causait au fond une étrange surprise ; mais il me permit de faire encore des observations qui s'étaient déjà fréquemment présentées à moi dans ma carrière active, et qui, faisant équilibre à la répugnance qui m'éloignait de l'opéra, m'y ramenaient et m'y attachaient sans cesse. Quelques exécutions d'une perfection peu commune et l'effet qu'elles avaient produit me révélaient, en effet, des exceptions et des possibilités qui, comme je vous l'ai indiqué, me faisaient concevoir des projets d'une portée tout idéale. Je n'avais assisté à aucune de ces nombreuses exécutions de mes opéras ; je ne pouvais me faire une idée de l'esprit qui y présidait que sur le rapport d'amis intelligents et par le succès caractéristique que ces exécutions obtenaient auprès du public. L'idée que pouvaient m'en faire concevoir les relations de mes amis n'était pas de nature à m'inspirer sur l'esprit de ces exécutions en général une conclusion très-favorable, et je dois dire la même chose du caractère de la plupart de nos représentations d'opéra. Confirmé par là dans mes dispositions pessimistes, je jouissais d'ailleurs de l'avantage des pessimistes : ce que je voyais percer çà et là de bon et de distingué me causait d'autant plus de joie que je me croyais moins fondé à l'attendre et moins autorisé à l'exiger. Autrefois, quand j'étais optimiste, j'avais fait partout du bon et de l'excellent — qui me semblait possible — une obligation rigoureuse, et cela m'avait jeté dans l'intolérance et dans l'ingratitude. Les résultats supérieurs, dont j'étais informé de temps en temps sans m'y attendre, me remplissaient d'une ardeur nouvelle en même temps que d'une vive reconnaissance ; il m'avait paru jusqu'alors qu'il n'était possible d'arriver à des résultats excellents que dans des conditions générales toutes nouvelles, et il me fut montré que cette possibilité se rencontre dès aujourd'hui, au moins comme exception.

Une chose me frappa avec plus de force encore peut-être : ce fut de voir l'impression extraordinaire que mes opéras, malgré une exécution parfois très-médiocre et qui souvent les défigurait, avaient produite sur le public. Je me rappelle par moments l'antipathie, l'hostilité des critiques, qui n'avaient vu, dans mes écrits précédemment publiés sur l'art, qu'une abomination, qui s'entêtaient à vouloir que des opéras écrits à une époque bien plus ancienne eussent été composés comme une confirmation tardive et réfléchie de mes théories, et s'étaient, surtout au début, déchaînés contre ces opéras ; et alors je ne puis voir dans le plaisir franchement avoué qu'a pris le public à des ouvrages où s'exprime nettement ma vraie tendance, qu'un signe grave et encourageant. On comprend très-facilement que la critique n'ait pu étouffer les applaudissements du public, en lui criant, comme elle le faisait naguère en Allemagne : « Gardez-vous de Rossini, fuyez ses accents séducteurs, évitez la sirène, fermez l'oreille à ses légères et frivoles mélodies. » Et le public n'a pas laissé que d'entendre ces mélodies avec plaisir. Mais ici l'on voyait les critiques avertir avec un zèle infatigable le public de ne pas donner son argent pour des choses qui ne pouvaient lui faire le moindre plaisir ; car ce qu'il cherchait uniquement dans l'opéra, des mélodies, toujours des mélodies, mes opéras n'en offraient aucune trace ; ils ne se composaient que des plus insipides récitatifs et du galimatias musical le plus inintelligible ; bref, c'était « la musique de l'avenir ! »

Imaginez l'impression que devait produire sur moi, je ne dis pas les preuves les plus irréfragables d'un vrai succès populaire de mes opéras dans le public allemand, mais je dis les informations personnelles que je reçus d'un heureux changement dans le jugement et les sentiments de gens qui, jusque-là, n'avaient goûté que la tendance lascive de l'opéra et du ballet, et qui avaient repoussé avec dédain, avec horreur toute invitation d'accorder leur attention à une tendance plus sérieuse du drame musical. Ces informations me sont venues bien souvent ; souffrez que je vous retrace rapidement les conclusions salutaires et encourageantes que je crus devoir en tirer.

Il est évident qu'il ne s'agissait pas ici de la portée plus ou moins grande de mon talent ; les critiques les plus hostiles eux-mêmes ne se déclaraient pas contre ce talent, mais contre la direction que j'avais suivie, et ils cherchaient à expliquer mon succès définitif en disant que mon talent valait mieux que ma tendance. Parfaitement insensible à ce que le jugement porté sur mes facultés pouvait avoir de flatteur, je n'avais à me féliciter que d'une seule chose, c'était le sûr instinct qui m'avait conduit à l'idée d'une égale et réciproque pénétration de la musique et de la poésie, comme condition d'une œuvre d'art capable d'opérer, par la représentation scénique, une impression irrésistible, et de faire qu'en sa présence toute réflexion volontaire s'évanouisse dans le sentiment purement humain. Je voyais maintenant cet effet produit, malgré les faiblesses encore très-grandes de l'exécution, à l'exactitude de laquelle je suis forcé d'ailleurs d'accorder tant d'importance : il y avait là de quoi me faire concevoir des idées plus hardies encore de la toute-puissante efficacité de la musique ; j'aurai à m'expliquer avec vous plus catégoriquement sur cette portée sans limite, et je le ferai dans un instant.

C'est un point difficile et d'une importance extrême, sur lequel je ne puis espérer de m'expliquer clairement, qu'à la condition de m'occuper exclusivement de la forme. J'avais essayé dans mes écrits théoriques de déterminer la forme en même temps que la substance, et je ne pouvais le faire théoriquement que d'une manière abstraite ; aussi, m'exposais-je par là à une obscurité inévitable et même à de graves malentendus. Je voudrais donc éviter à tout prix, comme je vous l'ai déclaré, de recourir à un procédé de ce genre pour vous faire entendre mes idées. Je n'ignore pas cependant combien il y a d'inconvénient à parler d'une forme sans en déterminer la substance d'aucune manière. Je vous l'ai avoué au début : l'invitation que vous m'avez adressée de vous donner en même temps une traduction de mes poëmes d'opéra était la seule chose qui pût me décider à essayer de vous fournir des éclaircissements réels sur la marche de mes idées, autant du moins que j'ai pu me l'expliquer. Laissez-moi donc vous dire encore quelques mots de ces poëmes ; je serai, j'espère, plus à l'aise pour vous parler ensuite de la forme musicale qui importe tant ici, et sur laquelle il s'est répandu tant de fausses idées.

Je dois vous prier, avant tout, de me pardonner, si je ne puis vous offrir de ces poëmes qu'une traduction en prose. Les difficultés infinies qu'il a fallu surmonter dans la traduction en vers du *Tannhæuser*, avec lequel le public parisien va faire prochainement connaissance par une exécution scénique complète, ont prouvé que des travaux de ce genre exigeaient un temps qui ne pouvait cette fois être consacré à la traduction de mes autres pièces. Sans doute, ces poëmes, présentés sous une forme poétique, feraient sur vous une autre impression ; mais c'est chose que je dois négliger ici : il faut me contenter de vous signaler le caractère des sujets, leur tendance, le mode dramatique dans lequel ils sont traités. Cela va vous mettre à même de comprendre quelle part l'esprit de la musique a eue à la conception et à l'exécution de ces travaux. Puisse cette traduction vous suffire! Elle n'a d'autre prétention que de rendre le texte avec toute l'exactitude littérale qu'une traduction comporte.

Les trois premiers de ces poëmes : *le Vaisseau Fantôme, Tannhæuser* et *Lohengrin* étaient, avant la composition de mes écrits théoriques, complétement achevés, vers et musique, et avaient même, à l'exception de *Lohengrin,* été déjà représentés. Je pourrais donc, si les sujets me permettaient de le faire d'une manière complète, vous tracer, au moyen de ces poëmes, la marche des idées qui présidèrent à mes travaux successifs, jusqu'au point où je dus chercher à me rendre théoriquement compte de mon procédé. Cette observation n'a d'autre but que de vous faire toucher du doigt la profonde erreur de ceux qui croiraient devoir m'attribuer dans ces trois ouvrages la pensée préconçue d'appliquer les règles abstraites que je m'étais faites. Permettez-moi de vous dire qu'au contraire mes conclusions les plus hardies, relativement au drame musical dont je concevais la possibilité, se sont imposées à moi parce que, dès cette époque, je portais dans ma tête le plan de mon grand drame des *Nibelungen,* dont j'avais même déjà écrit le poëme en partie; et il avait dès lors revêtu dans ma pensée une forme telle, que ma théorie n'était guère autre chose qu'une expression abstraite de ce qui s'était développé en moi comme production spontanée. Mon système, proprement dit, si l'on veut à toute force se servir de ce mot, ne reçoit donc encore dans ces trois premiers poëmes qu'une application fort restreinte.

Il en est autrement du dernier que vous trouverez ici, *Tristan et Iseult*. Je le conçus et je l'achevai lorsque j'avais déjà complétement fait la musique d'une très-grande partie de ma tétralogie des *Nibelungen*. Ce qui m'amena à interrompre ce grand travail, ce fut le désir de donner un ouvrage de proportions plus modestes et de moindres exigences scéniques, plus facile par conséquent à exécuter et à représenter, et ce désir naquit en moi d'abord du besoin d'entendre encore, après un si long intervalle, de ma musique, puis des rapports encourageants que je recevais de l'exécution de mes anciens opéras en Allemagne, rapports qui me réconciliaient avec la scène et me rendaient l'espoir de voir ce désir encore une fois accompli. Maintenant on peut apprécier cet ouvrage d'après les lois les plus rigoureuses qui découlent de mes affirmations théoriques. Non pas qu'il ait été modelé sur mon système, car j'avais alors oublié absolument toute théorie; ici, au contraire, je me mouvais avec la plus entière liberté, la plus complète indépendance de toute préoccupation théorique, et pendant la composition je sentais de combien mon essor dépassait même les limites de mon système. Croyez-moi, il n'y a pas de félicité supérieure à cette parfaite spontanéité de l'artiste dans la création, et je l'ai connue, cette spontanéité, en composant mon *Tristan*. Peut-être la devais-je à la force acquise dans la période de réflexion qui avait précédé. C'était à peu près une image de ce qu'avait fait mon maître en m'apprenant les artifices les plus difficiles du contre-point; il m'avait fortifié, disait-il, non pour écrire des fugues, mais pour avoir ce qu'on n'acquiert

que par un sévère exercice, l'indépendance et la sûreté.

Je rappellerai, en passant, un opéra qui a précédé
encore le *Vaisseau Fantôme*, c'est *Rienzi*; cet opéra où
l'on trouve le feu, l'éclat que cherche la jeunesse, est
celui qui m'a valu en Allemagne mon premier succès,
non-seulement au théâtre de Dresde où je l'ai fait représenter pour la première fois, mais depuis lors sur une
grande partie des théâtres où il est donné avec mes
autres opéras. Cet ouvrage a été conçu et exécuté sous
l'empire de l'émulation excitée en moi par les jeunes
impressions dont m'avaient rempli les opéras héroïques
de Spontini et le genre brillant du Grand-Opéra de
Paris, d'où m'arrivaient des ouvrages portant les noms
d'Auber, de Meyerbeer et d'Halévy. Aussi suis-je loin
aujourd'hui, et vis-à-vis de vous, d'attribuer à cet ouvrage aucune importance particulière ; car il ne marque
encore d'une façon bien claire aucune phase essentielle
dans le développement des vues sur l'art qui me domi-
nèrent plus tard. Il ne s'agit, d'ailleurs, nullement ici
de faire parade à vos yeux de mes triomphes de compositeur, mais d'éclaircir une direction encore incertaine
de mes facultés. Ce *Rienzi* fut achevé pendant mon premier séjour à Paris ; j'étais en face des splendeurs du
Grand-Opéra, et j'étais assez présomptueux pour concevoir le désir, pour me flatter de l'espoir d'y voir représenter mon ouvrage. Si jamais ce désir devait être accompli, vous ne pourriez à coup sûr vous empêcher de
trouver, comme moi, singuliers les jeux du sort qui,
entre le désir et sa réalisation, a laissé s'écouler un si

long intervalle et accumulé des expériences qui ont si fort éloigné ce désir de mon cœur.

Cet opéra, exécuté sur des proportions très-vastes, fut immédiatement suivi du *Vaisseau Fantôme* qui, dans ma pensée première, ne devait avoir qu'un seul acte. Vous voyez que l'éclat de l'idéal parisien avait déjà pâli pour moi; je commençais à puiser les lois destinées à déterminer la forme de mes pensées, à une autre source qu'à cette mer de la publicité officielle qui s'étendait devant mes yeux. Vous pouvez voir à plein le fond de mes dispositions d'esprit, ce poëme les exprime clairement. Quelle valeur poétique peut lui être attribuée, je l'ignore; ce que je sais bien, c'est que dès lors je sentis, en le composant, une toute autre liberté qu'en traçant le libretto de *Rienzi*; car dans celui-ci, je ne songeais encore qu'à un texte d'opéra qui me permît de réunir toutes les formes admises et même obligées de grand opéra proprement dit, introductions, finales, chœurs, airs, duos, trios, etc., et d'y déployer toute la richesse possible.

Dans cet ouvrage et dans tous ceux qui l'ont suivi, je pris le parti de changer de sujets; je quittai une fois pour toutes le terrain de l'histoire et m'établis sur celui de la légende. Je m'abstiendrai de vous retracer ici les dispositions intimes qui me guidèrent dans cette résolution; je ferai ressortir uniquement l'influence que la nature des sujets choisis par moi ont exercée sur le caractère de la forme poétique, et surtout de la forme musicale.

Tout le détail nécessaire pour décrire et représenter le fait historique et ses accidents, tout le détail qu'exige,

pour être parfaitement comprise, une époque spéciale
et reculée de l'histoire, et que les auteurs contemporains
de drames et de romans historiques déduisent par cette
raison d'une manière si circonstanciée, je pouvais le
laisser de côté. J'étais affranchi de l'obligation de traiter
la poésie, la musique surtout d'une manière incompatible
avec elles et principalement avec la dernière. La légende, à
quelque époque et à quelque nation qu'elle appartienne, a
l'avantage de comprendre exclusivement ce que cette époque et cette nation ont de purement humain, et de le présenter sous une forme originale très-saillante, et dès lors
intelligible au premier coup d'œil. Une ballade, un refrain
populaire, suffisent pour vous représenter en un instant
ce caractère sous les traits les plus arrêtés et les plus
frappants. Ce coloris légendaire que revêt un événe-
ment purement humain, possède de plus un avantage
essentiel entre tous, c'est qu'il rend extrêmement facile
au poëte le rôle que je lui ai imposé il y a un instant,
de prévenir et de résoudre la question du pourquoi. Le
aractère de la scène et le ton de la légende contribuent
ensemble à jeter l'esprit dans cet état de rêve qui le
porte bientôt jusqu'à la pleine *clairvoyance*, et l'esprit
découvre alors un nouvel enchaînement des phénomènes
du monde, que ses yeux ne pouvaient apercevoir dans
l'état de veille ordinaire : de là lui venait cette inquiétude
qui le portait à demander sans cesse « pourquoi ? » comme
pour mettre fin aux terreurs qui l'obsédaient en face de
l'incompréhensible mystère de ce monde, qui lui est
devenu maintenant si intelligible et si clair. Comment
enfin la musique achève et complète l'enchantement

d'où résulte cette sorte de clairvoyance, vous n'avez maintenant aucune peine à le comprendre.

Ainsi le caractère légendaire du sujet assure dans l'exécution, par la raison que je viens de dire, un avantage du plus haut prix : car, d'une part, la simplicité de l'action, sa marche dont l'œil embrasse aisément toute suite, permet de ne pas s'arrêter du tout à l'explication des incidents extérieurs, et elle permet, d'autre part, de consacrer la plus grande partie du poëme à développer les motifs intérieurs de l'action, parce que ces motifs éveillent au fond de notre cœur des échos sympathiques.

Au premier coup d'œil que vous jetterez sur l'ensemble des poëmes réunis ici, vous remarquerez que l'avantage dont je viens de parler ne s'est révélé à moi que par degrés, et que j'ai appris aussi, peu à peu, à en tirer parti. L'accroissement de volume matériel, dans chaque poëme, justifie déjà cette observation. Vous verrez bientôt que le préjugé qui m'empêchait, au début, de donner à la poésie un développement plus large, provenait spécialement de ce que j'étais encore beaucoup trop préoccupé de la forme traditionnelle de la musique d'opéra ; car cette forme avait jusqu'ici rendu impossible un poëme qui aurait exclu de nombreuses répétitions des mêmes paroles. Dans le *Vaisseau Fantôme*, la seule chose que je me fusse proposée principalement était de ne pas sortir des traits les plus simples de l'action, de bannir tout détail superflu et toute intrigue empruntée à la vie vulgaire, et en revanche de développer davantage les traits propres à mettre dans son vrai jour le coloris caractéristique du sujet légendaire ; ce coloris me semblait en effet complétement approprié aux motifs internes de l'action, et par conséquent s'identifier avec l'action même.

Vous trouverez, je crois, déjà beaucoup plus de force dans le développement de l'action du *Tannhœuser* par des motifs intérieurs. La catastrophe finale naît ici sans le moindre effort d'une lutte lyrique et poétique où nulle autre puissance que celle des dispositions morales les plus secrètes n'amène le dénoûment, de sorte que la forme même de ce dénoûment relève d'un élément purement lyrique.

L'intérêt du *Lohengrin* repose tout entier sur une péripétie qui s'accomplit dans le cœur d'Elsa et qui touche à tous les mystères de l'âme. La durée d'un charme qui répand une félicité merveilleuse et remplit tout de la sécurité la plus entière, dépend d'une seule condition, c'est que jamais ne soit proférée cette question: « D'où viens-tu? » Mais une profonde, une implacable détresse arrache violemment d'un cœur de femme cette question comme un cri, et le charme a disparu. Vous devinez la liaison particulière de cette question tragique avec le « pourquoi » théorique dont j'ai parlé plus haut.

Je vous l'ai dit, je m'étais senti, moi aussi, entraîné à m'adresser ces deux questions: « D'où, et pourquoi? » qui avaient fait évanouir pour une longue période le charme de mon art. Mais le temps de ma pénitence m'avait appris à triompher de cette impulsion. Tous mes doutes s'étaient enfin dissipés, lorsque je me mis à mon *Tristan*. Je me plongeai ici avec une entière confiance dans les profondeurs de l'âme, de ses mystères, et de ce centre intime du monde je vis s'épanouir sa forme extérieure. Un coup d'œil sur l'étendue de ce poëme vous montre aussitôt que le détail infini auquel le poëte, en traitant un sujet historique, est astreint pour expliquer l'enchaînement extérieur de l'action aux dépens du développement clair des motifs intérieurs, ce détail, dis-je, j'osai le réserver exclusivement aux derniers. La vie et la mort, l'importance et l'existence du monde extérieur, tout ici dépend uniquement des mouvements intérieurs de l'âme. L'action qui vient à s'accomplir dépend d'une seule cause, de l'âme qui la provoque, et cette action éclate au jour telle que l'âme s'en est formé l'image dans ses rêves. Peut-être trouverez-vous que plusieurs parties de ce poëme entrent trop avant dans le détail intime, et si vous consentez à autoriser ce détail chez le poëte, vous aurez peine à comprendre comment il a osé le donner à interpréter et à développer au musicien.

C'est que vous êtes trompé ici par le préjugé où j'étais encore lorsque je conçus le *Vaisseau Fantôme,* et qui me détermina à esquisser dans le poëme des contours très-généraux, auxquels la musique devait être absolument chargée de donner leur développement et leur forme. Mais à cela je fais immédiatement une réponse : Si dans le *Vaisseau Fantôme* les vers étaient calculés pour qu'une fréquente répétition des phrases et des paroles, qui étaient le support de la mélodie, donnât au poëme l'extension que réclamait cette mélodie, l'exécution musicale de *Tristan* n'offre plus une seule répétition de paroles, le tissu des paroles a toute l'étendue destinée à la mélodie, en un mot, cette mélodie est déjà construite poétiquement.

S'il était arrivé que mon procédé eût en général réussi, peut-être cela seul suffirait-il pour obtenir de vous le témoignage que ce procédé a produit une fusion infiniment plus intime du poëme et de la musique que les procédés antérieurs. S'il m'était permis d'espérer en même temps que vous trouviez dans l'exécution poétique du *Tristan* plus de valeur que n'en comportaient mes travaux antérieurs, cette circonstance vous amènerait à une conclusion inévitable, c'est que la forme musicale déjà complétement figurée dans le poëme aurait au moins été vantageuse au travail poétique. Si donc, par cela seul qu'elle est figurée dans le poëme, la forme musicale lui donne une valeur particulière et qui répond exactement au but poétique, il ne s'agit plus que de savoir si la forme musicale de la mélodie n'y perd elle-même rien de la liberté de ses allures et de son développement.

Permettez-moi de répondre à cette question au nom du musicien, et de vous dire avec le plus profond sentiment de l'exactitude de cette affirmation : Au contraire, la mélodie et sa forme comportent, grâce à ce procédé, une richesse de développement inépuisable, et dont on ne pouvait sans lui se faire une idée.

Je ne saurais, je crois, mieux terminer ces éclaircissements que par une démonstration théorique de ce que je viens d'avancer. Je l'essayerai en ne m'occupant plus maintenant que de la forme musicale seule, de la *mélodie*.

Vous entendez nos agréables dilettanti crier incessamment, et de leur voix la plus perçante « La mélodie ! la mélodie ! » Ce cri est pour moi la preuve qu'ils puisent leur idée de la mélodie dans des œuvres où se rencontrent, à côté de la mélodie, des passages sonores sans mélodie aucune, et qui servent avant tout à mettre la mélodie, telle qu'ils l'entendent, dans ce jour qui leur est si cher. L'opéra réunissait en Italie un public qui consacrait sa soirée à l'amusement, et se donnait, entre autres amusements, celui de la musique chantée sur la scène ; on prêtait de temps en temps l'oreille à cette musique, lorsqu'on faisait un pause dans la conversation ; pendant la conversation et les visites réciproques d'une loge à l'autre, la musique continuait : son emploi était celui qu'on réserve à la *musique de table* dans les dîners d'apparat, savoir, d'animer, d'exciter par son bruit l'entretien qui languirait sans elle. La musique qui est jouée dans ce but et pendant ces conversations forme le fond proprement dit d'une partition italienne ; au contraire la musique qu'on écoute réellement ne remplit pas peut-être un douzième de la partition. L'opéra italien doit contenir au moins un air qu'on écoute volontiers ; pour son succès, il faut que la conversation soit interrompue et qu'on puisse écouter avec intérêt au moins six fois. Mais le compositeur qui sait fixer l'attention des auditeurs sur sa musique jusqu'à douze fois, est déclaré homme de génie et vanté comme un créateur de mélodies inépuisable. Maintenant qu'un tel public se trouve tout à coup en présence d'un ouvrage qui prétend à une égale attention pendant toute sa durée et pour toutes ses parties; qu'il se voie arraché violemment à toutes les habitudes qu'il porte aux représentations musicales; qu'il ne puisse reconnaître pour identique avec sa mélodie bien-aimée ce qui ne saurait, dans l'hypothèse la plus heureuse, lui paraître qu'un ennoblissement du bruit musical, de ce bruit, qui dans son emploi le plus naïf, lui facilitait autrefois une conversation agréable, tandis qu'il l'importune aujourd'hui de sa prétention d'être entendu réellement; le moyen de savoir à ce public mauvais gré de sa stupeur et de son épouvante? A coup sûr il demanderait à cris redoublés sa douzaine ou sa demi-douzaine de mélodies, ne fût ce qu'afin que la musique des intervalles amenât et protégeât la conversation, la chose capitale assurément d'une soirée d'opéra.

En vérité, ce qu'un préjugé bizarre a fait passer pour richesse doit paraître à tout esprit éclairé une pauvreté. Les bruyantes exigences fondées sur cette erreur peuvent être pardonnées à la masse du public; elles ne sauraient l'être aux critiques. Cherchons donc à nous entendre, autant que possible, sur cette erreur et sur ce qui lui a donné naissance.

Posons d'abord que L'UNIQUE FORME DE LA MUSIQUE EST LA MÉLODIE, que sans la mélodie la musique ne peut pas même être conçue, que musique et mélodie sont rigoureusement inséparables. Dire d'une musique qu'elle est sans mélodie, cela veut dire seulement, pris dans l'acception la plus élevée : le musicien n'est pas parvenu au parfait dégagement d'une forme saisissante, qui gouverne avec sûreté le sentiment. Et ceci indique simplement que le compositeur est destitué de talent, et que ce défaut d'originalité l'a réduit à composer son morceau de phrases mélodiques rebattues, et qui par conséquent laissent l'oreille indifférente. Mais dans la bouche de l'amateur ignorant, et en présence d'une vraie musique, cet arrêt n'a qu'une signification : c'est qu'on parle d'une certaine forme étroite de la mélodie, laquelle appartient, comme nous l'avons déjà vu, à l'enfance de l'art musical ; aussi ne prendre plaisir qu'à cette forme doit-il nous paraître chose vraiment puérile. Il s'agit donc moins ici de la mélodie que de la pure forme de danse qu'elle a revêtue d'abord exclusivement.

Je l'avoue, je ne voudrais pas avoir rien dit ici qui rabaissât l'origine première de la forme mélodique. Je crois avoir démontré qu'elle est le principe de la forme achevée de la symphonie de Beethoven ; cela suffirait pour qu'on lui dût une reconnaissance sans mesure. Mais une remarque, une seule est à faire : c'est que cette forme, qui est restée dans l'opéra italien à son état rudimentaire, a reçu dans la symphonie une extension et une perfection qui est à ce premier état comme la plante couronnée de fleurs est à la bouture. J'admets donc pleinement, vous le voyez, l'importance de la forme mélodique primitive comme forme de danse ; et, fidèle au principe que toute forme doit porter, même à son plus haut développement, des traces reconnaissables de son origine, sous peine d'être inintelligible, je prétends retrouver cette forme de danse jusque dans la symphonie de Beethoven, je prétends que cette symphonie, en tant que tissu mélodique, doit être considérée uniquement comme cette forme de danse elle-même, idéalisée.

Remarquons avant tout que cette forme s'étend sur toutes les parties de la symphonie, et forme à cet égard la contre-partie de l'opéra italien; en effet, dans l'opéra la mélodie se trouve par morceaux isolés, entre lesquels s'étendent des intervalles remplis par une musique que nous n'avons pu caractériser autrement que par l'absence de toute mélodie; car elle n'a rien qui la différencie essentiellement du simple bruit. Chez les prédécesseurs de Beethoven nous voyons encore ces lacunes fâcheuses s'étendre même dans les morceaux sympho niques entre les motifs mélodiques principaux. Il est vrai qu'Haydn, entre autres, était déjà parvenu à donner à ces périodes intermédiaires une valeur très-intéressante; Mozart, au contraire, qui se rapprochait bien plus de la conception italienne de la forme mélodique, était retombé plus d'une fois, on peut même dire habituellement, dans cet usage de phrases banales; elles nous montrent fréquemment ces périodes harmoniques sous un aspect pareil à celui de la *musique de table*, c'est-à-dire d'une musique qui, entre les agréables mélodies qu'elle fait entendre par intervalles, offre encore un bruit propre à exciter la conversation; telle est du moins l'impression que me font ces demi-cadences qui reviennent si habituellement dans la symphonie de Mozart, et se prolongent avec tant de tapage : il me semble entendre le bruit d'une table royale qu'on sert et qu'on dessert, mis en musique. Les combinaisons de Beethoven, complétement originales et véritables traits de génie, eurent au contraire pour but de faire disparaître jusqu'aux dernières traces de ces fatales périodes intermé diaires, et de donner aux liaisons mêmes des mélodies principales tout le caractère de la mélodie. Il serait extrêmement intéressant d'étudier de plus près ces combinaisons; ici cela nous mènerait trop loin. Je ne puis cependant m'empêcher d'appeler votre attention, Monsieur, sur la construction de la première partie de la symphonie de Beethoven. Nous y voyons la mélodie de danse, proprement dite, décomposée jusque dans ses parties constituantes les plus petites; chacune de ces parties, qui souvent ne se composent que de deux notes, est tour à tour mise, par la prédominance alternative du rhythme et de l'harmonie, dans un jour plein d'intérêt et d'expression. Ces parties se réunissent pour former des combinaisons toujours nouvelles, qui tantôt vont grandissant, comme un torrent, d'un cours non interrompu, tantôt se brisent comme dans un tourbillon; toujours elles captivent avec tant de force par l'attrait de leur mouvement plastique, que, loin de pouvoir se soustraire un seul instant à l'impression qu'elles produisent, l'auditeur, dont l'intérêt est porté au dernier degré d'intensité, est forcé de reconnaître à chaque accord harmonique, à chaque pause rhythmique une signification mélodique. Le résultat tout nouveau de ce procédé fut donc d'étendre la mélodie, par le riche développement de tous les motifs qu'elle contient jusqu'à en faire un morceau de proportions vastes, et d'une durée notable ce morceau n'est autre chose qu'une mélodie unique et rigoureusement continue.

Il est surprenant que ce mode, auquel on est arrivé dans le domaine de la musique instrumentale, ait été aussi appliqué, ou peu s'en faut, par les maîtres allemands à la musique mixte composée de chœurs et d'orchestre, et ne l'ait encore jamais été à l'opéra. Beethoven l'a appliqué dans les chœurs et l'orchestre de sa grande messe à peu de chose près comme dans la symphonie ; il pouvait la traiter à la manière d'une symphonie, parce que les paroles du texte liturgique, que tout le monde connaît et qui n'ont guère qu'une signification symbolique, lui offraient, comme la mélodie de danse elle-même, une forme qu'il pouvait presque de la même façon décomposer et recomposer par des séparations, des reprises, des liaisons nouvelles, etc. Mais un musicien intelligent ne pouvait nullement procéder de même avec les paroles d'un poëme dramatique ; car celles-ci doivent présenter, non plus une signification purement symbolique, mais une suite logique déterminée. Ceci ne pouvait s'entendre, au reste, que des paroles calculées uniquement pour les formes traditionnelles de l'opéra ; au contraire, il restait toujours possible de maintenir le poëme à l'état de contre-partie poétique de la forme symphonique, pourvu que, parfaitement rempli par cette riche forme, il répondît en même temps avec la plus grande exactitude aux lois fondamentales du drame. Je touche ici un problème qu'il est extrêmement difficile de traiter théoriquement ; je crois pouvoir recourir à la métaphore pour me faire mieux entendre.

J'ai appelé la symphonie l'idéal réalisé de la mélodie de danse. En effet, la symphonie de Beethoven contient encore, dans la partie désignée sous le nom de *scherzo* ou de *menuetto*, une vraie musique de danse, dans sa forme primitive, et l'on pourrait parfaitement danser accompagné par elle. On dirait qu'un instinct puissant a contraint le compositeur à toucher une fois au moins directement, dans le cours de son œuvre, le principe sur lequel elle repose, à peu près comme on tâte avec le pied le bain où l'on doit se jeter. Il va dans les autres périodes s'éloignant de plus en plus de la forme qui permettrait d'exécuter, avec sa musique, une danse réelle; il faudrait du moins que ce fût une danse si idéale qu'elle serait à la danse primitive ce que la symphonie est à la mélodie dansante originelle. De là l'espèce de crainte où tombe le compositeur de dépasser certaines limites de l'expression musicale : par exemple de porter trop haut la tendance passionnée et tragique, car il éveillerait par là des émotions et une attente qui ne pourraient que faire naître dans l'auditeur la question importune du « Pourquoi? » Or, c'est une question à laquelle le musicien n'est pas en mesure de faire une réponse satisfaisante.

Eh bien! cette danse rigoureusement correspondante à sa musique, cette forme idéale de la danse est en réalité l'action dramatique. Son rapport à la danse primitive est exactement celui de la symphonie à la simple mélodie dansante. Déjà la danse populaire originelle exprime une action, presque toujours les péripéties d'une histoire d'amour; cette danse simple et qui relève de relations les plus matérielles, conçue dans son plus riche développement et portée jusqu'à la manifestation des mouvements de l'âme les plus intimes, n'est autre chose que l'action dramatique. Que cette action ne soit pas représentée dans notre ballet d'une façon satisfaisante, c'est ce que vous me dispenserez, j'espère, de démontrer. Le ballet est le très-digne frère de l'opéra, il est du même âge, il est né du même principe défectueux; aussi les voyons-nous tous deux, comme pour cacher réciproquement leurs faiblesses, aller ensemble et du même pas.

Un programme est plutôt fait pour faire naître la question du « Pourquoi? » que pour la satisfaire; ce n'est donc pas un programme qui peut exprimer le sens de la symphonie; ce ne peut être qu'une action dramatique représentée sur la scène.

C'est là une assertion dont j'ai donné plus haut les raisons; il ne me reste en ce moment qu'à indiquer comment la forme mélodique peut être élargie, vivifiée, quelle influence enfin peut être exercée sur elle par un poëme qui y répond parfaitement. Le poëte, qui a le sentiment de l'inépuisable pouvoir d'expression de la mélodie symphonique, se verra conduit à étendre son domaine, à s'approcher des nuances infiniment profondes et délicates de cette mélodie qui donne à son expression, au moyen d'une seule modulation harmonique, la plus pénétrante énergie. La forme étroite de la mélodie d'opéra, qui s'imposait à lui autrefois, ne le réduira plus à donner, pour tout travail, un canevas sec et vide; au contraire, il apprendra du musicien un secret qui reste caché au musicien lui-même, c'est que la mélodie est susceptible d'un développement infiniment plus riche que la symphonie elle-même n'a pu jusqu'ici lui permettre de le concevoir; et, porté par ce pressentiment, le poëte tracera le plan de ses créations avec une liberté sans limite.

Le symphoniste se rattachait encore timidement à la forme dansante primitive, il ne se hasardait jamais à perdre de vue, fût-ce dans l'intérêt de l'expression, les routes qui le tenaient en relation avec cette forme ; et voici que maintenant le poëte lui crie : « Lance-toi sans crainte dans les flots sans limites, dans la pleine mer de la musique ! Ta main dans la mienne, et jamais tu ne t'éloigneras de ce qu'il y a de plus intelligible à chaque homme, car avec moi tu restes toujours sur le ferme terrain de l'action dramatique, et cette action, représentée sur la scène, est le plus clair, le plus facile à comprendre de tous les poëmes. Ouvre donc largement les issues à ta mélodie, qu'elle s'épanche comme un torrent continu à travers l'œuvre entière ; exprime en elle ce que je ne dis pas, parce que toi seul peux le dire, et mon silence dira tout, parce que je te conduis par la main. »

Dans le fait, la grandeur du poëte se mesure surtout par ce qu'il s'abstient de dire afin de nous laisser dire à nous-mêmes, en silence, ce qui est inexprimable ; mais c'est le musicien qui fait entendre clairement ce qui n'est pas dit, et la forme infaillible de son silence retentissant est la *mélodie infinie*.

Évidemment le symphoniste ne pourrait former cette mélodie s'il n'avait son organe propre ; cet organe est l'orchestre. Mais pour cela il doit en faire un tout autre emploi que le compositeur d'opéra italien, entre les mains duquel l'orchestre n'était qu'une monstrueuse guitare pour accompagner les airs. Ai-je besoin d'appuyer là-dessus davantage?

L'orchestre sera, avec le drame tel que je le conçois, dans un rapport à peu près analogue à celui du chœur tragique des Grecs avec l'action dramatique. Le chœur était toujours présent, les motifs de l'action qui s'accomplissait se déroulaient sous ses yeux; il cherchait à sonder ces motifs et à se former par eux un jugement sur l'action. Seulement le chœur ne prenait généralement part au drame que par ses réflexions, il restait étranger à l'action comme aux motifs qui la produisaient. L'orchestre du symphoniste moderne, au contraire, est mêlé aux motifs de l'action par une participation intime ; car, si d'une part, comme corps d'harmonie, il rend seul possible l'expression précise de la mélodie, d'autre part il entretient le cours interrompu de la mélodie elle-même, en sorte que toujours les motifs se font comprendre au cœur avec l'énergie la plus irrésistible. Si nous considérons, et il le faut bien, comme la forme artistique idéale celle qui peut être entièrement comprise sans réflexion, et qui fait passer tout droit dans le cœur la conception de l'artiste dans toute sa pureté ; si enfin nous reconnaissons cette forme idéale dans le drame musical qui satisfait aux conditions mentionnées jusqu'ici, l'orchestre est le merveilleux instrument au moyen duquel seul cette forme est réalisable. En face de l'orchestre, de l'importance qu'il a prise, le chœur, auquel l'opéra, d'ailleurs, a déjà fait une place sur la scène, n'a plus rien de la signification du chœur antique, cela saute aux yeux ; il ne peut plus être admis qu'à titre de per-

sonnage actif, et partout où il n'est pas nécessaire avec
un tel rôle, il ne peut plus désormais devenir qu'un embarras et une superfluité ; car sa participation idéale à
l'action est passée tout entière à l'orchestre et s'y manifeste sous une forme toujours présente et qui n'embar-
rasse jamais.

J'ai recours encore une fois à la métaphore pour vous
caractériser, en concluant, la grande mélodie telle que
je la conçois, qui embrasse l'œuvre dramatique tout entière, et pour cela je m'en tiens à l'impression qu'elle
doit nécessairement produire. Le détail infiniment varié
qu'elle présente doit se découvrir non pas seulement au
connaisseur, mais au profane, à la nature la plus naïve,
dès qu'elle est arrivée au recueillement nécessaire. Elle
doit donc d'abord produire dans l'âme une disposition
pareille à celle qu'une belle forêt produit, au soleil couchant, sur le promeneur qui vient de s'échapper aux
bruits de la ville. Cette impression, que je laisse au lecteur à analyser, selon sa propre expérience, dans tous
ses effets psychologiques, consiste, et c'est là ce qu'elle a
de particulier, dans la perception d'un silence de plus
en plus éloquent. Il suffit généralement au but de l'art
d'avoir produit cette impression fondamentale, de gouverner par elle l'auditeur à son insu et de le disposer
ainsi à un dessein plus élevé ; cette impression éveille
spontanément en lui ces tendances supérieures. Celui
qui se promène dans la forêt, subjugué par cette impression générale, s'abandonne alors à un recueillement
plus durable ; ses facultés, délivrées du tumulte et du
bruit de la ville, se tendent et acquièrent un nouveau

mode de perception ; doué pour ainsi dire d'un sens nouveau, son oreille devient de plus en plus pénétrante, il distingue avec une netteté croissante les voix d'une variété infinie qui s'éveillent pour lui dans la forêt ; elles vont se diversifiant sans cesse ; il en entend qu'il croit n'avoir jamais entendues ; avec leur nombre s'accroît aussi d'une façon étrange leur intensité ; les sons deviennent toujours plus retentissants ; à mesure qu'il entend un plus grand nombre de voix distinctes, de modes divers, il reconnaît pourtant, dans ces sons qui s'éclaircissent, s'enflent et le dominent, la grande, l'unique mélodie de la forêt ; c'est cette mélodie même qui dès le début l'avait saisi d'une impression religieuse. C'est comme si, par une belle nuit, l'azur profond du firmament enchaînait son regard ; plus il s'abandonne sans réserve à ce spectacle, plus les armées d'étoiles de la voûte céleste se révèlent à ses yeux, distinctes, claires, étincelantes, innombrables. Cette mélodie laissera en lui un éternel retentissement ; mais la redire lui est impossible ; pour l'entendre de nouveau, il faut qu'il retourne dans la forêt, qu'il y retourne au soleil couchant. Quelle serait sa folie de vouloir saisir un des gracieux chanteurs de la forêt, de vouloir le faire dresser chez lui, et lui apprendre un fragment de la grande mélodie de la nature ! Que pourrait-il entendre alors, si ce n'est — quelque mélodie à l'italienne ?

Dans l'exposition très-rapide et peut-être trop longue, néanmoins, qui précède, j'ai négligé mille détails techniques, vous le concevrez sans peine, surtout si vous considérez que, par leur nature même, ces détails sont, dans l'exposition théorique, d'une inépuisable variété. Je voudrais m'expliquer clairement sur toutes les propriétés de la forme mélodique, telle que j'en conçois l'idée ; je voudrais déterminer avec précision ses rapports avec la mélodie d'opéra proprement dite, et quelles extensions elle comporte aussi bien à l'égard de la structure des périodes qu'en ce qui concerne l'harmonie ; mais cela me ferait précisément retomber dans mon malencontreux essai d'autrefois. Je me résous donc à ne signaler au lecteur, non prévenu, que les tendances les plus générales ; car nous voici en réalité très-près du point où ces éclaircissements ne peuvent être complétés que par l'œuvre d'art elle-même.

Ce serait vous tromper beaucoup que de voir dans ces derniers mots une allusion calculée à la représentation prochaine de mon *Tannhæuser*. Vous connaissez ma partition du *Tristan*, et bien que je n'aie pas le moins du monde l'idée de la donner pour un modèle idéal, vous m'accorderez pourtant que j'ai fait un plus grand pas du *Tannhæuser* au *Tristan* que pour passer de mon premier point de vue, celui de l'opéra moderne, au *Tannhæuser*. Considérer les éclaircissements que je vous adresse comme une préparation à la représentation du *Tannhæuser*, serait donc concevoir une attente très-erronée à certains égards. S'il m'était réservé de voir accueillir mon *Tannhæuser* par le public parisien, avec la même faveur qu'en Allemagne, je devrais encore, j'en suis sûr, ce succès, en grande partie, aux analogies très-visibles qui relient cet opéra à ceux de mes devanciers, et parmi ceux-ci je vous signale avant tout Weber. Cependant ce travail se peut distinguer déjà, jusqu'à un certain point, de ceux de mes devanciers; permettez moi de vous indiquer brièvement par quels traits.

Toutes ces idées, qui découlent avec rigueur d'une méthode idéale, se sont présentées assurément depuis longtemps aux grands maîtres. Ce n'est pas non plus la réflexion abstraite qui m'a conduit à ces conséquences, quant à la possibilité d'une œuvre d'art idéale; elles ont procédé uniquement de ce que j'ai remarqué dans les ouvrages de nos maîtres. Le grand Gluck trouvait encore devant lui l'obstacle de ces formes traditionnelles de l'opéra, raides, étroites, qu'il n'a pas du tout élargies dans leur principe, qu'il a plutôt laissé presque toujours subsister ensemble sans les concilier; mais déjà ses successeurs sont arrivés pas à pas à les grandir, à les lier entre elles; aussi, dès qu'une situation dramatique un peu forte les soutenait, ces formes suffisaient parfaitement à ce qui est le but supérieur de l'art. Le grand, le puissant, le beau dans la conception, sont choses qui se rencontrent dans beaucoup d'ouvrages des maîtres célèbres, et il me semble peu nécessaire d'examiner de plus près ces exemples; mais nul n'est plus heureux que moi de les reconnaître; nul n'est plus ravi de rencontrer parfois, dans les ouvrages les plus faibles de compositeurs frivoles, certains effets qui s'y trouvent, je ne le cache pas; ces effets m'ont souvent surpris, ils m'ont édifié mieux encore sur la puissance vraiment incomparable de la musique : puissance que je vous ai signalée plus haut et qui, par la précision irrésistible de l'expression mélodique, élève le chanteur le plus destitué de talent si fort au-dessus de ses capacités naturelles, et lui permet de produire un effet dramatique auquel l'artiste le plus habile dans le drame récité ne saurait atteindre. Une seule chose me causait, depuis longtemps, un désespoir qui n'en était que plus profond, c'était de ne jamais voir dans l'opéra les avantages sans pareils de la musique dramatique former un tout vaste et continu, empreint d'un style égal et pur.

Dans des œuvres de premier ordre, je trouvais à côté des plus parfaites et des plus nobles beautés des choses d'une absurdité incompréhensible, qui n'étaient que convention et tombaient jusqu'à la trivialité. Presque partout nous trouvons cette odieuse juxtaposition, qui oppose à toute espèce de grand style un invincible obstacle, du récitatif absolu et de l'air absolu ; nous la voyons interrompre, briser la continuité du courant musical, de celui même que comporte un poëme défectueux ; et avec cela nous voyons dans leurs plus belles scènes nos grands maîtres triompher complétement de cet inconvénient ; déjà ils y donnent au récitatif une signification rhythmique et mélodique, et il se relie d'une façon insensible à l'édifice plus vaste de la mélodie proprement dite. Quand nous avons senti le puissant effet de cette méthode, de quelle impression pénible ne sommes-nous pas affectés, sans pouvoir nous en défendre, lorsque éclate à l'improviste le banal accord qui nous dit : Maintenant, vous allez entendre de nouveau le récitatif tout sec. Puis, avec le même inattendu, l'orchestre tout entier reprend la ritournelle ordinaire pour annoncer l'air, cette même ritournelle, dis-je, qui déjà employée ailleurs par

le même maître comme transition, d'une manière profondément expressive, déployait à mes yeux une beauté
et une plénitude de sens d'où nous recevions, sur le fond
de la situation même, la lumière la plus intéressante.
Et, lorsque après une de ces fleurs de l'art nous voyons
paraître immédiatement un morceau composé pour flatter le goût le plus bas, que n'éprouvons-nous pas ? Quelle
déception, lorsque, saisi jusqu'à l'âme par une belle et
noble phrase, nous la voyons soudainement déchoir en
cadence rebattue avec les deux roulades obligées et l'inévitable note soutenue, et qu'alors le chanteur oublie tout
d'un coup ses rapports avec le personnage auquel cette
phrase est adressée, s'avance au bord de la rampe et se
tourne vers la claque pour lui donner le signal des applaudissements !

Ces dernières inconséquences ne se rencontrent pas,
à vrai dire, chez nos vrais grands maîtres ; elles se trouvent plutôt chez des compositeurs dans lesquels nous ne
voyons qu'une raison de nous étonner : c'est qu'ils aient
pu avec tout cela s'approprier les beautés dont je parlais
il y a un instant. Mais ce fait est grave pourtant ; à mon
sens, il est triste qu'après tout ce que de grands maîtres
ont déjà produit de noble et d'excellent, après qu'ils ont
porté par là l'opéra si près d'un style pur et parfait, nous
puissions encore avoir le spectacle de pareilles rechutes ;
il est triste, le dirai-je ? que l'absurde et le faux puissent
gagner du terrain plus que jamais.

On ne peut le nier, le sentiment décourageant du caractère propre au public d'opéra proprement dit, est ici
d'un poids capital ; ce caractère finit toujours par être,

chez l'artiste d'une nature faible, la considération décisive. On me disait que Weber lui-même, ce pur, ce noble, ce profond esprit, reculait de temps en temps effrayé devant les conséquences de sa méthode si pleine de style ; il conférait à sa femme le droit de « la galerie, » selon l'expression dont il se servait ; il se faisait faire par elle, dans le sens de cette « galerie, » toutes les objections possibles à ses idées, et elles le déterminaient parfois, en dépit des exigences du style, à de prudentes concessions.

Ces concessions que mon premier modèle, mon vénéré maître, Weber, se croyait encore obligé de faire au public d'opéra, vous ne les rencontrerez plus, je puis, je pense, m'en flatter, dans mon *Tannhœuser*; et ce que la forme de cet ouvrage a de particulier, ce qui le distingue peut-être le plus de ceux de mes devanciers, consiste précisément en cela. Pour me défendre de toute concession, il ne me fallait pas un grand courage ; l'effet que j'ai vu moi-même les parties les mieux réussies jusqu'à présent dans l'opéra produire sur le public, m'a fait concevoir de lui une opinion plus consolante. L'artiste qui s'adresse dans son ouvrage à l'intuition spontanée, au lieu de s'adresser à des idées abstraites, est porté par un sentiment aveugle, mais sûr, à composer son œuvre non pour le connaisseur, mais pour le public. Ce public ne peut inquiéter l'artiste que sous un seul rapport : c'est par l'élément critique qui peut avoir pénétré en lui et y avoir détruit l'ingénuité, la candeur des impressions purement humaines. Précisément à cause de la forte part de concessions qu'il renferme, l'opéra, tel qu'il a été jusqu'ici, est, à mon sens, admirablement fait pour brouiller les idées du public en le laissant incertain de ce qu'il doit chercher et embrasser; car le public est involontairement obligé de se livrer à des réflexions hasardées, prématurées, fausses, et il voit aussi le bandeau des préventions s'épaissir sur son esprit de la façon la plus fâcheuse, grâce au bavardage de tous ceux qui, dans ses rangs mêmes, prononcent en connaisseurs. Et, par contre, remarquons l'étonnante sûreté des jugements que le public porte, au théâtre, sur le drame récité ; rien au monde ne peut le déterminer ici à tenir pour raisonnable une action absurde, pour convenable un discours qui est hors de saison, pour vrai un accent qui ne l'est pas : ce fait est le point solide auquel il faut s'attacher pour établir dans l'opéra même, entre l'auteur et le public, des relations sûres et nécessaires à leur entente mutuelle.

Mon *Tannhœuser* peut donc encore se distinguer de l'opéra proprement dit sous un autre rapport : je veux parler du *poëme dramatique* sur lequel il repose. Loin de moi la pensée d'attribuer à ce poëme plus de valeur qu'il n'en a comme production poétique proprement dite; je ne veux en faire ressortir qu'un seul trait, c'est que, bien qu'établi sur le terrain du merveilleux légendaire, il contient une action dramatique développée avec suite, dont le fond et l'exécution ne renferment absolument aucune concession aux exigences banales d'un livret d'opéra. Mon but est d'attacher, avant tout, le public à l'action dramatique elle-même, sans qu'il soit obligé de la perdre un instant de vue; tout l'ornement musical, loin de l'en détourner, ne doit lui paraître au contraire qu'un moyen de la représenter. La concession que je me suis interdite quant au sujet m'a donc affranchi en même temps de toute concession quant à l'exécution musicale. Et vous pouvez trouver ici, sous la forme la plus précise et la plus exacte, en quoi consiste mon *innovation*. Elle ne consiste aucunement dans je ne sais quelle révolution arbitraire, toute musicale, dont on s'est avisé de m'imputer l'idée, la tendance, avec ce beau mot « musique de l'avenir. »

Laissez-moi ajouter un mot encore pour conclure. Malgré l'énorme difficulté d'arriver à une traduction poétique de *Tannhæuser* qui le reproduise parfaitement, je présente avec confiance mon ouvrage au public parisien. Il y a peu d'années encore, je ne me serais décidé à faire ce pas qu'avec hésitation ; je le fais maintenant avec la résolution d'un homme qui porte dans le cœur un dessein d'un tout autre ordre qu'un intérêt de spéculation. Ce changement de dispositions, je le dois, avant tout, à quelques heureuses rencontres que j'ai faites depuis mon dernier établissement à Paris. Une surtout qui m'a rempli dès l'abord de surprise et de joie, c'est vous, Monsieur, vous en qui j'ai trouvé l'accueil d'une vieille et intime connaissance. Sans avoir jamais assisté à la représentation d'un seul de mes opéras en Allemagne, vous étiez depuis longtemps familiarisé, par une lecture attentive, avec mes partitions, et (c'est vous qui me l'avez assuré) satisfait de ce commerce. Cette connaissance avait excité en vous le désir de voir représenter mes ouvrages ; elle vous avait inspiré la pensée que ces représentations pourraient produire sur le public pari-

sien un effet favorable, et, qui sait? salutaire peut-être.
Vous avez contribué, plus que personne, à me donner
confiance en mon entreprise ; ne me sachez pas trop
mauvais gré de vous avoir, pour récompense de ces
bons offices, infligé la fatigue de lire ces explications
bien diffuses, j'en ai peur ; pardonnez-moi le zèle excessif peut-être que j'ai mis à répondre à vos désirs ; pardonnez-moi d'avoir essayé de donner aux amis de mon
art qui se trouvent ici une idée de mes vues que j'aurais
voulu rendre plus claire ; car je n'ai pas le droit d'attendre qu'ils aillent la chercher dans mes écrits sur l'art
publiés autrefois.

RICHARD WAGNER.

Paris, 15 septembre 1860.

LE

VAISSEAU FANTOME

OPÉRA EN TROIS ACTES

LE
VAISSEAU FANTOME

ACTE PREMIER

Un rivage bordé de rochers à pic. La mer occupe la plus grande partie de la scène ; la vue s'étend au loin sur les flots. — Temps sombre, violent ouragan. — Le navire de Daland vient de jeter l'ancre tout près du rivage. Les matelots travaillent bruyamment à carguer les voiles, à lancer des câbles, etc. — Daland est à terre ; il gravit un rocher, et regarde du côté du pays pour reconnaître la contrée.

SCÈNE PREMIÈRE

MATELOTS, pendant le travail.

Hohohé ! hohohé ! hahoho ! ho !

DALAND, descendant du rocher.

Pas de doute ! La tempête nous a poussés à sept milles au delà du port. Si près du but après une longue traversée, ce coup m'était encore réservé.

LE PILOTE, criant du bord à travers ses mains.

Ho ! capitaine !

DALAND.

Comment cela va-t-il à bord?

LE PILOTE, comme précédemment.

Bien, capitaine ! Nous avons un bon fond !

DALAND.

C'est Sandwike ! je connais ce havre parfaitement. Malédiction ! Je voyais déjà ma maison près du rivage, déjà je croyais embrasser ma Senta, ma fille ; voilà que de ce trou du diable un vent se met à souffler... Compter sur le vent, c'est compter sur la pitié de Satan ! (Allant à bord.) Mais à quoi bon! Patience ! la tempête s'apaise ; elle dure peu, quand elle se déchaîne avec cette furie. (A bord.) Eh, mes garçons ! il y a longtemps que vous êtes debout, allez vous reposer ! Je suis sans crainte à présent ! (Les matelots descendent dans la cale.) Maintenant, pilote, veux-tu te charger de veiller pour moi ? Il n'y a pas de danger, mais il est bon pourtant que tu veilles.

(Daland va dans la cahute. — Le pilote seul sur le pont. L'ouragan est un peu tombé, et ne reprend plus que par intervalles. Dans la haute mer les vagues s'élèvent énormes. Le pilote fait encore une fois la ronde, puis il s'assied au gouvernail.)

LE PILOTE, qui sent venir le sommeil, se secoue, et chante :

Parmi la tempête et l'orage, sur la mer lointaine, ma belle, je suis près de toi ! Sur les flots gigantesques, des extrémités

du sud, ma belle, me voici! Ma belle, sans le vent du sud,
jamais je ne reviendrais à toi! Souffle, bon vent du sud, ah!
souffle encore! ma belle soupire après moi. Hohohé! hohohé!
hohohé! ho! ho!

(Une vague ébranle violemment le navire. Le pilote se lève d'un bond,
et regarde. Il s'assure qu'il n'y a pas de mal, se rassied et chante,
tandis que le sommeil le subjugue par degrés.)

Des rivages du Sud, des confins du monde, j'ai pensé à toi ;
des rivages du Maure, à travers mer et tempête, je t'ai apporté un présent. Ma belle, rend grâces au vent du sud, je
t'apporte une chaîne d'or. Bon vent du sud, ah! souffle encore! ma belle sera heureuse de ce joyau. Hohohé! etc.

(Il lutte contre la lassitude, et finit par s'endormir. — La tempête
recommence à se déchaîner avec fureur; le temps s'assombrit. Dans
le lointain se montre le vaisseau le *Hollandais volant,* avec ses
voiles d'un rouge de sang et ses mâts noirs. Il approche avec rapidité de la côte, du côté du navire norwégien ; l'ancre tombe et
s'enfonce avec un fracas terrible. — Le pilote de Daland s'éveille
en sursaut; sans quitter sa position, il jette un coup d'œil sur le
gouvernail, et, assuré qu'il n'a pas de mal, il murmure le commencement de sa chanson, et se rendort. — En silence et sans le
moindre bruit, l'équipage fantastique du *Hollandais* cargue les
voiles.)

SCÈNE II

LE HOLLANDAIS descend à terre. Il porte un vêtement noir.

Le terme est passé, il s'est encore écoulé sept années. La
mer me jette à terre avec dégoût... Ah! orgueilleux Océan!

Dans peu de jours il te faudra me porter encore! Ta résistance hautaine n'est pas inflexible, et pourtant éternel est mon supplice! Le salut que je cherche sur la terre, jamais je ne le trouverai! A vous, flots de la mer immense, je resterai fidèle, jusqu'à ce que votre dernière vague se brise, que votre dernière goutte tarisse. Que de fois je me suis jeté, rempli d'un douloureux désir, au gouffre le plus profond de la mer : mais la mort, hélas! je ne l'ai pas trouvée! Sur la tombe formidable des vaisseaux, parmi les écueils, là j'ai lancé mon vaisseau : mais, hélas! ma tombe ne se fermait pas. J'ai menacé, insulté le pirate, j'espérais trouver la mort dans la fureur du combat : « Ici, lui criai-je, montre ton courage! navire et chaloupe sont chargés de trésors. » Mais, hélas! le fils barbare de la mer fait le signe de la croix et fuit effrayé! Nulle part une tombe! nulle part la mort! telle est ma terrible sentence de damnation. — Parle, ange béni de Dieu, qui m'as obtenu ma condition de salut : ai-je été un jouet misérable de ta moquerie, lorsque tu m'as annoncé la délivrance? Espérance vaine! redoutable illusion! D'éternelle fidélité sur terre, il n'en est plus! — Une espérance, une seule doit me rester, une seule subsister inébranlable : si longtemps que grandissent les germes de la terre, il faut pourtant qu'ils périssent à la fin... Jour du jugement, jour suprême! Quand luiras-tu dans ma nuit! quand retentira-t-il, le coup destructeur sous lequel le monde doit s'abîmer avec fracas? Quand tous les morts ressusciteront, alors j'entrerai dans le néant... Achevez votre cours, ô mondes! Anéantissement éternel, reçois-moi!

CHŒUR sourd s'élevant du fond de la cale du *Hollandais*.

Éternel anéantissement, reçois-nous !

SCÈNE III

Daland paraît sur le pont de son vaisseau ; il aperçoit celui du *Hollandais*, et se tourne vers le pilote.

DALAND.

Hé ! holà ! pilote !

LE PILOTE, se dressant à demi, tout étourdi de sommeil.

Ce n'est rien ! ce n'est rien !

(Pour se montrer bien éveillé, il reprend sa chanson.)

Souffle, bon vent du sud, ah ! souffle encore, ma belle soupire après moi !...

DALAND, le secouant avec force.

Ne vois-tu rien ? Très-bien ! tu veilles comme il faut. Cama-
rade ! il y a là un vaisseau... Combien y a-t-il de temps que tu
dors ?

LE PILOTE, se levant rapidement.

Au diable, aussi ! Pardonnez-moi, capitaine ! (Il se hâte d'em-
boucher le porte-voix, et crie à l'équipage du *Hollandais :*) Qui **est**
là ? (Une pause. — Pas de réponse.) Qui est là ? (Une pause.)

DALAND.

Il paraît qu'ils sont tout aussi paresseux que nous.

LE PILOTE.

Répondez ! Le nom du navire et le pavillon ?

DALAND, qui aperçoit le Hollandais à terre.

C'est bon ! Il me semble que je vois le capitaine. Hé ! holà ! marin ! Ton nom ? ton pays ?

LE HOLLANDAIS, après une pause.

Je viens de loin. — M'empêcherez-vous pendant la tempête de jeter l'ancre ici ?

DALAND.

A Dieu ne plaise ! Le marin connaît l'hospitalité. Qui es-tu ?

LE HOLLANDAIS.

Hollandais.

DALAND.

Au nom de Dieu, salut ! La tempête t'a donc poussé aussi sur cette côte de rochers nus ? Je n'ai pas eu plus de bonheur ; à quelques milles d'ici seulement est mon pays ; près d'y toucher, il m'a fallu m'en détourner encore une fois. Parle, d'où viens-tu ? as-tu éprouvé quelque dommage ?

LE HOLLANDAIS.

Mon vaisseau est solide ; il ne se laisse pas endommager. Battu par la tempête et le vent contraire, je suis errant sur les eaux ; depuis combien de temps ? je puis à peine le dire. Je ne compte plus les années. Il me semble impossible de nommer tous les pays que j'ai trouvés ; mais le seul auquel j'aspire avec ardeur, je ne le trouve pas, le pays qui est ma patrie ! Accorde-moi pour quelques jours l'abri de ta maison, et tu ne te repentiras pas du don de ton amitié : mon navire est chargé de iches trésors de toutes les contrées, de toutes les zones; si tu consens, tu n'y perdras pas, crois-moi.

DALAND.

Paroles étranges! faut-il y ajouter foi? Une étoile fatale, à ce qu'il semble, t'a poursuivi jusqu'à cette heure. Pou. te servir, je t'offre ce qui est en mon pouvoir : pourtant, puis-je te demander ce que contient ton navire?

LE HOLLANDAIS fait un signe aux gens de son équipage; deux d'entre eux apportent un coffre à terre.

Tu vas voir les trésors les plus rares, des perles précieuses, les plus riches pierreries. (Il ouvre le coffre.) Regarde, et assure-toi de ce que vaut le prix que je t'offre pour un toit hospitalier.

DALAND, qui examine avec étonnement ce que le coffre contient.

Comment! est-il possible? tant de trésors! Qui est assez riche pour offrir de payer tout cela ?

LE HOLLANDAIS.

Le payer? Je viens de te dire le prix : cela pour l'abri d'une seule nuit! Mais ce que tu vois n'est que la moindre partie de ce que renferme la cale de mon vaisseau. A quoi bon ces trésors? Je n'ai pas de femme, pas d'enfant, et je ne retrouverai jamais mon pays! Toute ma richesse, je te l'offre si tu me donnes une nouvelle patrie parmi les tiens.

DALAND.

Qu'entends-je?

LE HOLLANDAIS.

As-tu une fille ?

DALAND.

Oui, certes, une aimable enfant.

LE HOLLANDAIS.

Qu'elle soit ma femme !

DALAND, avec joie. — Il chante avec le Hollandais.

Quoi ! ai-je bien entendu ? Ma fille, sa femme ? Il exprime lui-même ma pensée !... Je crains presque, si j'hésite, qu'il ne chancelle dans son projet. Qu'on me dise si je veille, ou si c'est un songe ! Trouverais-je un gendre mieux au gré de mes désirs ? Fol est celui qui néglige la fortune ! J'accepte avec ravissement.

LE HOLLANDAIS, chantant avec Daland.

Hélas ! je suis sans femme, sans enfants, rien ne m'attache à la terre ! Le destin m'a poursuivi sans relâche, la douleur a été mon unique compagne. Jamais je n'atteindrai ma patrie. A quoi me sert d'amasser des richesses ? Laisse-toi convaincre, consens à cette alliance, et prends tous mes trésors.

DALAND.

Oui, étranger, j'ai une fille, belle, pleine de fidélité, de tendresse, de dévouement pour moi ; elle est mon orgueil, le plus cher de mes biens, ma consolation dans l'infortune, ma joie dans le bonheur.

LE HOLLANDAIS.

Qu'elle conserve toujours à son père cette tendresse filiale, qu'elle lui soit fidèle ; elle sera aussi fidèle à son époux.

DALAND.

Tu me donnes des joyaux, des perles inestimables ; mais le joyau le plus précieux, c'est une femme fidèle.

LE HOLLANDAIS.

C'est toi qui me le donnes ?

DALAND.

Oui, je te le jure. Ton destin me touche ; tu es généreux, tu me montres un cœur magnanime, une âme élevée : c'est ainsi que je souhaitais un gendre, et fusses-tu moins riche, je n'en choisirais pas d'autre que toi.

LE HOLLANDAIS.

Merci ! Verrai-je ta fille dès aujourd'hui ?

DALAND.

Le premier vent favorable nous conduit à ma demeure ; tu la verras, et si elle te plaît...

LE HOLLANDAIS.

Elle est à moi... (A part.) Sera-t-elle mon ange libérateur ?

(Le Hollandais chante avec Daland).

Lorsque sous la puissance formidable de la douleur, j'aspire au salut, m'est-il permis de m'attacher à l'unique espérance qui me reste ? de languir encore dans cette folle pensée qu'un ange s'attendrisse pour moi ? Les tortures qui m'enveloppent d'une nuit épaisse, en aurais-je atteint le terme souhaité ? Ah, sans espoir, comme je le suis, m'abandonnerais-je encore à l'espérance ?

DALAND, chantant avec le Hollandais.

Gloire à vous, puissances de la tempête, qui m'avez poussé vers ce rivage ? Que faut-il maintenant, sinon retenir d'une prise forte ce qui se donne à moi si libéralement? Vous qui m'avez amené sur ces bords, ô vents, soyez bénis ! oui, ce vœu de tous les pères, un gendre riche, je le possède. Oui, à cet homme riche et généreux, 'accorde avec joie ma fille et ma maison.

(La tempête s'est complétement apaisée ; le vent a tourné.)

LE PILOTE, à bord.

Vent du sud! Vend du sud! « Souffle, bon vent du sud, ah ! souffle encore ! »

MATELOTS.

Holà! ho! holà! ho!

DALAND.

Tu le vois, le bonheur te sourit : le vent est bon, la mer est calme. Nous levons l'ancre à l'instant, et voguons à pleines voiles vers ma patrie.

LES MATELOTS, en train de lever l'ancre et de mettre les voiles dehors

Ho ho hè! Ho ho hè! Hallo ho ho!

LE HOLLANDAIS.

Puis-je te prier de ne pas m'attendre? le vent est frais, mais mon équipage est fatigué. Je lui donne quelque repos et je te suis.

DALAND.

Et notre vent?

LE HOLLANDAIS.

Il va souffler longtemps encore du sud. Mon vaisseau est rapide, il te rattrapera certainement.

DALAND.

Tu crois? eh bien, soit! adieu, puisses-tu voir ma fille dès aujourd'hui!

LE HOLLANDAIS.

Je la verrai.

DALAND, se rendant à bord de son navire.

Hé! comme les voiles s'enflent déjà! hallo! hallo! alerte à l'œuvre, camarades.

LES MATELOTS, ivres de joie en mettant à la voile.

Dans la tempête et dans l'orage, sur la mer lointaine, ma belle, je suis près de toi! sur les flots gigantesques, des extrémités du sud, ma belle, me voici! Ma belle, sans le vent du sud, jamais je ne reviendrais à toi : souffle, bon vent du sud, ah! souffle encore! Ma belle soupire après moi. — Ho ho hè! Ho ho hè!

(Le Hollandais monte sur son navire.)

FIN DU PREMIER ACTE

ACTE DEUXIÈME

Une chambre spacieuse dans la maison de Daland ; aux parois latérales,
des figures d'objets maritimes, des cartes, etc. A la muraille du fond,
un portrait d'homme avec un visage pâle, une barbe brune et un
vêtement noir. — Mary, et des jeunes filles sont assises autour de
la cheminée, et filent ; Senta, penchée en arrière au fond d'un fauteuil d'aïeul, les bras croisés, est absorbée dans la contemplation
du portrait qui est au fond.

SCÈNE PREMIÈRE

LES JEUNES FILLES.

Bourdonne et gronde, mon bon petit rouet, je te fais aller
vite et gaiement ! Tourne, tourne mille fils menus, bon petit
rouet, bourdonne et gronde. Mon bien-aimé est là-bas sur mer,
l pense à la maison, à son enfant si sage ; mon bon pe'it rouet,
bruis et siffle ! oh ! si tu donnais le vent, il reviendrait bien vite.
Filez, filez, alerte, mes filles ! Gronde, bourdonne, mon bon petit
rouet !

MARY.

Courage ! courage ! les voyez-vous filer ! chacune d'elles veut
se gagner son bien-aimé.

LES FILLES.

Dame Mary, silence! car vous savez bien que la chanson n'est pas encore finie.

MARY.

Chantez donc! pas de repos au rouet. Mais toi, Senta, tu restes silencieuse?

LES FILLES.

Bourdonne et gronde, mon petit rouet, je te fais aller vite et gaiement! Tourne, tourne mille fils menus, bon petit rouet, bourdonne et gronde! Mon bien-aimé est là-bas sur mer, dans les contrées du sud, il amasse de l'or; ah! bon petit rouet, siffle, siffle encore! Il le donnera à l'enfant, à l'enfant qui file vaillamment Filez, filez! alerte, mes filles! Gronde, bourdonne, bon petit rouet!

MARY, à Senta.

Et toi, méchante enfant, si tu ne files pas, tu n'auras pas de présent de ton bien-aimé.

LES FILLES.

Elle n'a pas besoin de se presser; son bien-aimé n'est pas sur mer. Il ne lui apporte pas de l'or, mais il apporte du gibier : on sait bien ce que vaut un chasseur!

(Elles rient).

SENTA, sans changer de position, chante tout bas à elle-même un passage de la ballade suivante.

MARY.

Voyez-vous! toujours devant le portrait! passeras-tu toute ta jeunesse à rêver devant une image?

SENTA, comme précédemment.

Pourquoi m'as-tu conté ton histoire? Pourquoi m'avoir dit qui il est?

(Elle soupire.)

L'infortuné!

MARY.

Dieu soit avec toi!

LES FILLES.

Eh! eh! Que faut-il penser? — L'homme pâle la fait sou-pirer.

MARY.

Il lui trouble la pensée.

LES FILLES.

Voyez-vous ce que peut faire un portrait!

MARY.

En vain je gronde tous les jours! Viens, Senta! tourne-toi de notre côté!

LES FILLES.

Elle ne vous entend pas, elle est folle d'amour. Ah! pourvu que cela ne suscite pas de querelles! Car Erik a le sang ardent! Puisse-t-il ne pas faire quelque malheur! ne dites rien! car vous le verriez, enflammé de fureur, abattre d'une balle son rival de la muraille.

(Elles rient.)

SENTA, avec vivacité.

Oh! taisez-vous! Voulez-vous, par vos rires insensés, me
fâcher sérieusement ?

LES FILLES, reprenant très-fort, avec un empressement comique, et
en faisant tourner leurs rouets vivement et à grand bruit, comme
pour ôter à Senta le temps de les gourmander.

Bourdonne et gronde! mon bon petit rouet, je te fais aller
vite et gaiement! Tourne, tourne mille fils menus. Bon petit
rouet, gronde et bourdonne !

SENTA, les interrompant avec colère.

Finissez cette folle chanson, l'oreille n'entend que *gronde et
bourdonne !* Si vous voulez que je me mêle à vous, cherchez
quelque chose de meilleur.

LES JEUNES FILLES.

Eh bien, chante toi-même.

SENTA.

Écoutez mon conseil : — Dame Mary va nous chanter la
ballade.

MARY.

Dieu m'en garde ! Il ne manquerait plus que cela ! Laissez
en paix le *Hollandais volant.*

SENTA.

Que de fois pourtant je l'ai entendue de ta bouche! Je
sais la chanter moi-même : écoutez, jeunes filles. Laissez-moi
toucher vos cœurs : la destinée de l'infortuné devra vous toucher.

LES JEUNES FILLES.

Nous le voulons bien.

SENTA.

Faites attention aux paroles !

LES JEUNES FILLES, se levant.

Les rouets en repos !

MARY, avec dépit.

Moi, je vais filer

(Elle continue à filer.)

SENTA, dans le fauteuil d'aïeul.

BALLADE.

I

Iohohé! Iohohé! etc. Avez-vous rencontré en mer le navire à la voile rouge-sang, au mât noir? A bord, sur le tillac, l'homme pâle, le maître du vaisseau, veille sans relâche. Hou-hi! comme bruit le vent! Iohohé! Hou-hi! quel sifflement dans les cordages! Iohohé! hou-hi! Comme une flèche, il vole et fuit, sans terme, sans relâche, sans repos... Un jour pourtant l'homme peut rencontrer la délivrance, s'il trouve sur terre une femme qui lui soit fidèle jusque dans la mort! Ah! pâle navigateur, quand la trouveras-tu? Priez le ciel que bientôt une femme lui garde sa foi.

(Vers la fin du vers, Senta se tourne vers le portrait. Les jeunes filles écoutent avec intérêt, la nourrice a cessé de filer.)

II

Par un vent contraire, dans une tempête furieuse, il voulut
autrefois cingler un cap ; il jura, il blasphéma dans sa folle
audace : « Je n'y renoncerais pas de l'éternité ! » Hou-hi !
Satan l'a entendu ! Iohohé ! hou-hi ! Il l'a pris au mot ! Iohohé !
hou-hi ! Et maintenant son arrêt est d'errer à travers la mer,
sans relâche, sans repos !... Mais pour que l'infortuné puisse rencontrer encore la délivrance sur terre, un ange de Dieu lui
annonce d'où peut un jour lui venir le salut. Ah ! puisses-tu
le trouver, pâle navigateur ! Priez le ciel que bientôt une femme
lui garde cette foi.

(Les jeunes filles, entraînées, chantent doucement les deux derniers
vers. Senta continue avec une émotion croissante.)

III

SENTA.

A l'ancre, tous les sept ans, pour chercher une femme, il
descend à terre. Il a courtisé tous les sept ans, et jamais encore il n'a trouvé une femme fidèle. Hou-hi ! « Les voiles au
vent ! » Iohohé ! hou-hi ! « Levez l'ancre ! » Iohohé ! hou-hi !
« Faux amour, faux serments ! Alerte, en mer, sans relâche,
sans repos ! »

(Senta, trop violemment émue, s'affaisse dans le fauteuil.)

LES JEUNES FILLES continuent, après une pause, à chanter doucement.

Ah! où se trouve-t-elle, celle que nous prédit l'ange de Dieu de te montrer un jour? Où dois-tu la rencontrer, celle qui te restera fidèle jusque dans la mort?

SENTA, entraînée par une inspiration soudaine, se levant tout à coup du fauteuil.)

Que je sois celle qui te délivrera par sa fidélité! Puisse l'ange de Dieu me montrer à toi! C'est par moi que tu obtiendras le salut.

MARY et **LES JEUNES FILLES,** se levant effrayées.

Secourez-nous, ô ciel! Senta, Senta!

(Eric s'est présenté sur le seuil et a entendu le cri de Senta.)

ERIK.

Senta! Senta! veux-tu me faire mourir?

LES JEUNES FILLES.

A notre aide, Erik! son esprit est égaré!

MARY.

Je sens mon sang se glacer dans mes veines! Portrait funeste, tu disparaîtras, dès que le père sera de retour à la maison.

ERIK, sérieusement.

Le père arrive!

SENTA, qui était restée dans sa dernière position et n'avait rien entendu, semble s'éveiller et s'élance toute joyeuse.

Mon père arrive?

ERIK.

Du haut des rochers j'ai vu approcher son navire.

MARY.

Voyez maintenant à quoi sert de perdre ainsi votre temps! Rien n'est encore fait dans la maison.

LES JEUNES FILLES, pleines de joie.

Ils sont arrivés! tout de suite, à leur rencontre !

MARY.

Arrêtez! arrêtez! vous allez rester un peu à la maison. (Mary chante avec les jeunes filles.) Les gens du navire arrivent l'estomac vide; à la cuisine, au cellier! ne tardez pas ! domptez un instant votre curiosité, avant tout songez à votre devoir!

LES JEUNES FILLES, à elles-mêmes.
(Elles chantent avec Mary.)

Ah! que de questions j'ai à lui faire ! Je ne puis contenir ma curiosité. C'est bon! notre tâche accomplie, nul devoir ne nous retient ici plus longtemps.

(Mary pousse les jeunes filles devant elle, et les suit.)

SCÈNE II

(Senta veut s'en aller avec les autres; Erik la retient.)

ERIK.

Reste, Senta! reste un instant seulement! tire-moi de mon supplice! ou bien, si tu le veux, achève de me faire mourir.

SENTA, hésitant.

Qu’est-ce?... Que faut-il?...

ERIK.

Oh ! dis-moi, Senta, que vais-je devenir? Ton père arrive :
avant qu’il reparte, il accomplira ce que bien des fois il a
voulu...

SENTA.

Que veux-tu dire?

ERIK.

Il te donnera un époux... Mon cœur, fidèle jusqu’à la mort,
le peu que je possède, ma chance de chasseur, est-ce assez
pour que je puisse solliciter ta main? Ton père ne me repous-
sera-t-il pas? Si mon cœur, hélas! éclate de douleur, alors, dis-
moi, Senta, qui parlera pour moi?

SENTA.

Tais-toi, Erik, en ce moment ! Laisse moi sortir pour
saluer mon père ! S’il ne voyait pas, comme toujours, sa fille
venir à bord, son cœur ne serait-il pas courroucé?

ERIK.

Tu me fuis?

SENTA.

Je dois me rendre à bord.

ERIK.

Tu veux m’échapper !

SENTA.

Je t’en prie, laisse-moi partir.

ERIK.

Tu fuis devant la blessure que tu m'as faite, devant mon fol amour? Oh! écoute-moi maintenant, entends ma dernière question : si ce cœur se brise de douleur, est-ce toi, Senta, qui parleras pour moi?

SENTA, hésitant.

Quoi! doutes-tu de mon cœur? doutes-tu de mon attachement? mais dis-moi, qu'est-ce qui éveille tes douleurs? qu'est-ce qui jette dans ton âme le trouble et le soupçon?

ERIK.

Ton père, hélas! il n'a soif que de trésors... Et toi, Senta, comment compter sur toi? as-tu exaucé jamais une seule de mes prières? n'affliges-tu pas chaque jour mon cœur?

SENTA.

Ton cœur?

ERIK.

A quelles pensées suis-je réduit! ce portrait...

SENTA.

Le portrait?

ERIK.

Ne reviendras-tu pas de tes rêves exaltés?

SENTA.

Puis-je empêcher mes yeux d'être émus, attirés?

ERIK.

Et la ballade, tu la chantais encore aujourd'hui !

SENTA.

Je suis une enfant, et je ne sais pas ce que je chante... Mais, dis, as-tu peur d'une chanson, d'un portrait?

ERIK.

Tu es pâle... Parle, n'ai-je aucun lieu de craindre?

SENTA.

Faut-il rester insensible au sort affreux de l'infortuné ?

ERIK.

Et ma souffrance, à moi, Senta, ne te touche-t-elle plus?

SENTA.

Oh! ne te vante pas! que peut être ta souffrance? Connais-tu le destin de ce malheureux? (Elle conduit Erik près du portrait.) Sens-tu la douleur, le chagrin profond et sombre, avec lesquels il abaisse sur moi ses regards? Ah ! cet arrêt qui lui a ravi le repos pour jamais, de quel mal cuisant il me navre le cœur !

ERIK, effrayé.

Pitié sur moi ! c'est un avertissement de mon malheureux songe. Dieu te protége! Satan t'a prise dans ses piéges.

SENTA.

D'où vient ton effroi ?

ERIK.

Senta ! prête l'oreille à mon récit : c'est un songe ! écoute, et
puisse-t-il t'éclairer !

(Senta s'assied épuisée sur le fauteuil. Au commencement du récit d'Erik,
elle tombe dans une sorte de sommeil magnétique, et semble rêver
à son tour le songe qui lui est raconté. Erik est debout à côté d'elle,
appuyé sur le siége.)

ERIK, d'une voix voilée.

J'étais étendu sur le sommet d'un rocher, je rêvais, je voyais
la mer au-dessous de moi, j'entendais le mouvement des vagues
qui venaient, écumantes, briser leur fureur au rivage. J'aperçus
près de la côte voisine un navire inconnu, extraordinaire, étrange :
deux hommes s'approchèrent de la terre, l'un, je le reconnus
bien, c'était ton père.

SENTA, les yeux fermés.

L'autre ?

ERIK.

Je le reconnus bien aussi ; son justaucorps noir, son visage
pâle...

SENTA, comme précédemment.

Son regard sombre...

ERIK, montrant le portrait.

C'était le marin, c'était lui.

SENTA.

Et moi ?

ERIK.

Tu sortis de la maison, tu accourus pour saluer ton père ; mais je te vis à peine arrivée que tu te jetas au pieds de l'étranger, je te vis embrasser ses genoux...

SENTA, avec une impatience croissante.

Il me releva...

ERIK.

T'approchant de son cœur, tu te suspendis à lui avec amour, tu le couvris de baisers ardents.

SENTA.

Et puis ?

ERIK, après une pause, la regardant avec surprise.

Je vous vis fuir tous deux sur la mer.

SENTA, s'éveillant tout à coup, au plus haut degré de l'exaltation.

Il me cherche ! Il faut que je le voie ! Il faut que je meure avec lui !

ERIK, désespéré.

O sort affreux ! je comprends tout ! Elle est perdue ! mon songe disait vrai !

(Il se précipite hors de la maison plein d'épouvante.)

SENTA.

(Elle tombe, après cette explosion d'enthousiasme inspiré, dans une muette contemplation ; elle reste dans la même position, l'œil attaché au portrait ; au bout d'un instant elle chante doucement, mais avec une émotion profonde, la fin de la ballade.)

Ah ! quand la trouveras-tu, pâle navigateur ? Priez le ciel que bientôt une femme lui garde cette foi.

(La porte s'ouvre. Daland et le Hollandais entrent. Le regard de Senta
passe du portrait sur le Hollandais. Elle pousse un grand cri de surprise, et demeure immobile, comme subjuguée par une puissance
magique, sans détourner ses yeux du Hollandais.)

SCÈNE III

(Le Hollandais s'avance lentement sur le devant de la scène.)

DALAND s'approche, après s'être un instant arrêté sur le seuil.

Mon enfant, me voici sur le seuil... Quoi! pas un embrassement? pas un baiser? tu restes à ta place, enchaînée par un
charme... Est-ce là, Senta, l'accueil que je mérite?

SENTA, dès que Daland est arrivé près d'elle, lui prend la main.

Au nom de Dieu, salut. (L'attirant plus près d'elle.) Mon père,
parle, quel est cet étranger?

DALAND, souriant.

Tu veux le savoir?... Tu peux, mon enfant, souhaiter la bien-
venue à cet étranger. C'est un marin, comme moi; il réclame
l'hospitalité. Depuis longtemps sans foyers, toujours en de loin-
tains voyages, il a amassé dans des contrées étrangères de
riches trésors. Repoussé de sa patrie, il offre des trésors pour
prix d'un abri : parle, Senta, te sera-t-il pénible que cet étranger habite sous notre toit?

(Senta incline la tête en signe de consentement; Daland se tourne vers le
Hollandais.)

Dites, ai-je exagéré son éloge? vous la voyez elle-même.

Plaît-elle à vos yeux? Est-il encore besoin de renouveler mes louanges? Avouez qu'elle est l'ornement de son sexe!

(Le Hollandais fait un mouvement d'assentiment.)

Montre-toi, mon enfant, bonne pour notre hôte ; avec un toit, il réclame aussi le don gracieux de ton cœur. Tends-lui la main, car tu dois le saluer ton fiancé, et, si tu réponds aux vœux de ton père, demain ton époux.

(Senta tressaille douloureusement; mais son attitude reste calme. Daland tire une parure et la montre à sa fille.)

Vois cette chaîne, cette agrafe; près de ce qu'il possède, ce n'est rien. Ces choses n'excitent-elles pas tes désirs ardents? Elle sont à toi, si tu veux échanger l'anneau avec lui.

(Senta, sans prendre garde aux paroles de son père, demeure les yeux fixés sur le Hollandais, et celui-ci, de son côté, sans entendre Daland, est absorbé dans la contemplation de la jeune fille. — Daland s'en aperçoit, et les considère tous les deux.)

Mais aucun ne répond... Serais-je importun à cette heure? Oui, c'est cela ! Il vaut mieux les laisser seuls. (A Senta.) Puisses-tu gagner ce noble cœur ! Crois-moi, un tel bonheur ne s'offre pas deux fois. (Au Hollandais.) Restez seuls ici ! je m'éloigne ; croyez-moi, elle est aussi fidèle que belle !

(Il s'éloigne lentement, en les considérant tous les deux avec complaisance. — Senta et le Hollandais restent seuls.)

LE HOLLANDAIS, profondément ému, chantant avec Senta.

Comme du lointain des temps passés, les traits de cette jeune fille parlent à mon cœur; telle je l'ai rêvée depuis des éternités d'angoisses, telle mes yeux la voient devant moi. Du fond de ma nuit profonde, j'ai bien levé aussi vers une femme des yeux pleins de désir ; la malice de Satan m'a laissé, hélas ! un cœur palpitant, pour que j'aie le sentiment toujours présent de mon supplice. Le sombre feu dont je me sens embrasé, faut-il, infortuné ! lui donner le nom d'amour ? hélas ! non. C'est l'attente inquiète de la délivrance : puissé-je la devoir à un ange comme cette jeune fille ?

SENTA, chantant avec le Hollandais.

Suis-je perdue à cette heure dans un songe étrange ? Ce que je vois n'est-il qu'illusion ? Ai-je habité jusqu'à présent des espaces décevants ? Le jour du réveil vient-il de luire pour moi ? Il est devant moi, avec ses traits pleins de souffrance ; ces empreintes de la douleur amère parlent à mon cœur : serais-je rompée par la voix d'une pitié profonde ? Tel je l'ai vu mille fois, tel il est devant moi. Les douleurs qui brûlent dans mon sein, cet ardent désir, ah ! de quel nom l'appeler ? Le terme après lequel ton cœur désolé soupire, la délivrance, puisse-t-elle, infortuné, t'être obtenue par moi !

LE HOLLANDAIS, s'approchant un peu de Senta.

Ne vas-tu pas dédaigner le choix de ton père ? La promesse qu'il a faite, parle, la confirmerais-tu ? Pourrais-tu te dévouer à moi pour jamais, et tendre la main à l'étranger ? Après une vie de tortures, trouverais-je dans ta fidélité le repos longtemps attendu ?

SENTA.

Qui que tu sois, quel que soit le supplice auquel ton destin cruel a pu te vouer, quel que soit aussi le sort que je me prépare, toujours j'obéirai à mon père.

LE HOLLANDAIS.

Quoi! sans réserve? pourrais-tu être pénétrée pour mes douleurs d'une pitié si profonde?

SENTA, se parlant à demi à elle-même.

Oh! quelles douleurs! puissé-je t'apporter un adoucissement!

LE HOLLANDAIS, qui l'a entendue.

Délicieuse mélodie dans mes agitations et mes ténèbres! Tu es un ange! L'amour d'un ange sait consoler jusqu'aux maudits.

(Le Hollandais chante avec Senta.)

Oh! s'il me restait encore un espoir de délivrance! Être éternel, qu'elle en soit l'instrument!

SENTA, se parlant à elle-même, et chantant avec le Hollandais.

Ah! s'il lui restait encore un espoir de délivrance, puissé-je seulement en être l'instrument!

LE HOLLANDAIS.

Si tu pouvais pressentir le destin dont tu vas être la proie avec moi! Tu saurais alors quel sacrifice tu me fais en me jurant fidélité! Devant le sort auquel tu veux te vouer, ta jeunesse reculerait en frissonnant, si la plus belle vertu de la femme, la sainte fidélité, n'est pas une vertu que tu puisses appeler tienne!

SENTA.

Je connais les devoirs sacrés de la femme, rassure-toi donc, homme infortuné ! Laisse le destin prononcer sur celle qui peut braver son arrêt ! Dans la pureté sans tache de mon cœur, je connais la loi souveraine de la fidélité : celui auquel je la voue, je lui voue la seule véritable : la fidélité jusqu'à la mort !

LE HOLLANDAIS, avec enthousiasme. — Chantant avec Senta.

De ton serment, de tes nobles paroles, un baume sacré coule sur mes blessures. Entendez-vous, j'ai rouvé le salut, ô puissance qui me repoussiez? Étoile du malheur, tu vas pâlir! Flambeau de l'espérance, rallume-toi! Anges, qui m'aviez dès longtemps abandonné fortifiez maintenant ce cœur dans sa fidélité !

SENTA, chantant avec le Hollandais.

Subjuguée par un charme puissant, je me sens entraînée à le sauver; qu'il trouve ici un foyer; qu'ici son vaisseau repose dans un port éternel ! Qu'est-ce que je sens vivre en moi avec tant d'énergie? Que renferme donc mon sein enivré ? Dieu tout-puissant, que ce qui m'élève l'âme à ces hauteurs soit la force de la fidélité.

DALAND, rentrant.

Pardonnez! mes gens sont là, bouillants d'impatience. Au retour, vous le savez, il y a toujours une fête. Pour l'embellir encore, je viens savoir si le pacte des fiançailles est conclu ? Vous avez, je pense, au gré de vos cœurs, donné cours à vos sentiments? Senta, mon enfant, dis, es-tu prête aussi?

SENTA, avec une résolution solennelle.

Voici ma main! et sans retour, je promets fidélité jusque dans la mort !

LE HOLLANDAIS.

Elle donne sa main ! Sois confondu, enfer, par sa fidélité !

DALAND.

Vous ne regretterez pas cette alliance ! A la fête !... que tout
soit en joie aujourd'hui.

(Tous sortent.)

FIN DU DEUXIÈME ACTE

ACTE TROISIÈME

Un havre bordé de rochers ; la maison de Daland, d'un côté, sur le devant de la scène. Le fond est occupé par le navire du Norwégien et par celui du Hollandais, tous deux assez rapprochés l'un de l'autre. Nuit claire ; le navire norwégien est illuminé ; les matelots sont sur le pont ; bruyants éclats de joie. L'aspect du navire hollandais forme avec cette allégresse un contraste sinistre ; une nuit surnaturelle l'enveloppe de toutes parts ; il y règne un silence de mort.

SCÈNE PREMIÈRE

LES MATELOTS DU NORWÉGIEN, buvant.

Pilote, repose-toi. Pilote, viens avec nous ! Hohé ! hého ! Hissez les voiles ! Fixez l'ancre ! Pilote, ici ! Nous ne craignons ni vent ni rivage dangereux, nous voulons aujourd'hui être tout à la joie ! Chacun à sa belle a terre, d'excellent tabac et de bonne eau-de-vie. Hossassahè ! Nargue à l'écueil, à la tempête — Jollohohé ! Nous nous en moquons ! Hassassahè ! Pliez les voiles ! Arrêtez l'ancre ! Nous narguons écueil et tempête ! Pilote, ici ! Viens boire avec nous.

(Ils dansent sur le pont. Les jeunes filles viennent, portant des corbeilles pleines d'aliments et de liqueurs.)

LES JEUNES FILLES.

Amies! regardez donc! Ils dansent en vérité! par ma foi, ils n'ont pas besoin de jeunes filles.

(Elles vont sur le vaisseau hollandais.)

LES MATELOTS.

Hé! les belles! arrêtez! où allez-vous là?

LES JEUNES FILLES.

Ne pensez-vous qu'au vin frais? Votre voisin, là-bas, doit avoir aussi quelque chose; liqueurs et régal sont-ils pour vous seuls?

LE PILOTE.

C'est vrai! Portez quelque chose aux pauvres diables! Ils paraissent languissants de soif.

LES MATELOTS.

On ne les entend pas.

LE PILOTE.

Eh! voyez donc un peu! pas une lumière! pas trace d'équipage!

LES JEUNES FILLES, se disposant à aller à bord du Hollandais.

Hé! marins! hé! voulez-vous des torches? — Où êtes-vous donc? on n'y voit pas ici!

LES MATELOTS, riant

Ne les réveillez pas! ils dorment encore !

LES JEUNES FILLES, appelant dans le navire.

Hé ! marins ! hé! répondez donc!

(Une pause. Profond silence.)

LE PILOTE, DES MATELOTS.

Ha ha ! en vérité! ils sont morts; ils n'ont pas besoin de boire ni de manger !

LES JEUNES FILLES, comme précédemment.

Comment! marins paresseux que vous êtes! êtes-vous déjà nichés? n'est-ce donc pas fête aussi pour vous aujourd'hui?

LES MATELOTS.

Ils ne bougent pas de leur place, vrais dragons qui gardent le trésor !

LES JEUNES FILLES.

Hé! marins, ne voulez-vous pas du vin frais? en vérité, vous devriez pourtant aussi avoir soif !

LES MATELOTS.

Ils ne boivent pas, ils ne chantent pas; il n'y a pas une lumière allumée dans leur navire.

LES JEUNES FILLES.

Dites, n'avez-vous pas aussi vos amours à terre? Ne voulez-vous pas danser avec nous sur la pelouse du rivage?

LES MATELOTS.

Ils sont déjà vieux et blêmes, au lieu d'être rouges, et leurs amoureuses sont mortes !

LES JEUNES FILLES, criant avec force.

Hé ! marins ! marins ! éveillez-vous donc !

(Les jeunes filles chantent avec les matelots.)

Nous vous apportons à monceaux aliments et boissons !

LES MATELOTS, joignant leurs voix à celles des jeunes filles.

Elles vous apportent à monceaux aliments et boissons !

LES JEUNES FILLES, surprises et effrayées.

Vraiment, oui ! ils semblent morts ! ils n'ont pas besoin d'aliments ni de boissons.

LES MATELOTS, plaisantant.

Vous savez bien l'histoire du Hollandais-Volant ! eh bien, son navire, en corps et en vie, le voilà !

LES JEUNES FILLES, comme précédemment.

N'éveillez pas l'équipage ! ce sont des fantômes, nous en jurerions.

LES MATELOTS, avec redoublement de gaieté.

Combien y a-t-il de centaines d'années que vous êtes à la mer? Vous n'avez pas peur, n'est-ce pas? de la tempête et des écueils !

LES JEUNES FILLES.

Ils ne boivent pas, ils ne chantent pas. Pas une lumière ne luit dans leur navire.

LES MATELOTS.

N'avez-vous pas des lettres, des commissions pour la terre? nous les remettrons aux mains de nos arrière-grands-pères!

LES JEUNES FILLES.

Ils sont déjà vieux et blêmes, au lieu d'être rouges! Ah! vos amoureuses, elles sont mortes!

LES MATELOTS, faisant du tapage.

Hé! marins! tendez donc vos voiles, et montrez-nous comme file le Hollandais-Volant!

(Une pause.)

LES JEUNES FILLES, s'éloignant avec effroi du navire hollandais, en emportant leurs corbeilles.

Ils n'entendent pas! on sent un frisson ici! ils ne veulent rien, pourquoi appeler?

LES MATELOTS.

Les belles! laissez en paix les morts! et soyez aimables pour nous les vivants!

LES JEUNES FILLES, tendant aux matelots leurs corbeilles par-dessus bord.

Prenez donc! votre voisin n'en a pas voulu.

LES MATELOTS.

Comment! ne venez vous pas vous-mêmes à bord?

LES JEUNES FILLES.

Eh! pas encore à cette heure! il n'est pas tard! nous vien-
drons bientôt; buvez toujours en attendant, et, si vous voulez,
dansez aussi; seulement ne troublez pas votre voisin fatigué.

(Elles s'en vont.)

LES MATELOTS, vidant les corbeilles.

Vive le plaisir! il y en a en abondance! aimables voisins,
merci!

LE PILOTE.

Que chacun remplisse son verre jusqu'au bord; notre cher
voisin nous donne à boire.

LES MATELOTS, avec une joie bruyante.

Chers voisins, si vous avez une voix et une langue, réveillez-
vous et imitez-nous.

(A partir de ce moment, le mouvement commence sur le navire
hollandais.)

LES MATELOTS.

Pilote, repose-toi! pilote, viens avec nous! hohé! hého! hissez
les voiles! arrêtez l'ancre! pilote, ici! Nous avons veillé plus d'une
nuit dans l'horreur de la tempête, nous avons bu plus d'une fois
l'eau salée de la mer : aujourd'hui nous veillons pour faire tapage et bombance; la belle nous donne à boire d'un meilleur
tonneau. Hossassahè! etc.

(La mer, qui reste tranquille partout ailleurs, a commencé à s'élever
tout au tour du navire hollandais; une lueur bleuâtre et sinistre
flamboie dans celui-ci comme un falot de garde. Un vent de tempête se met à siffler dans les cordages. L'équipage, dont on ne voyait
rien auparavant, s'anime.)

L'ÉQUIPAGE DU HOLLANDAIS.

Johohè! johohè! hohè! hohè! hohè! hou-hi çà! la tempête
pousse vers la terre! hou-hi çà! voiles au vent! ancre à bord!
courez dans le havre! Noir capitaine, descends à terre, voilà
sept années écoulées! sollicite la main d'une blonde jeune fille!
Blonde jeune fille, sois-lui fidèle. De la joie aujourd'hui, ô fiancé!
Le vent d'orage hurle la musique des fiançailles, l'Océan l'accompagne de sa danse! hou-hi! Écoutez, il siffle! Capitaine, es tu de
retour! hou-hi. Carguez, les voiles! La fiancée, dis, où l'as-tu
laissée! hou-hi! En mer! Capitaine! capitaine! tu n'as pas de
bonheur en amour! hahaha! Siffle, hurle, vent de tempête! tu
laisses du repos à nos voiles! c'est Satan qui nous les a tissées,
elles ne se déchireront pas de l'éternité.

(Pendant le chant des Hollandais, leur navire est ballotté dans tous les
sens par les vagues; un vent de tempête effroyable hurle et siffle
à travers les cordages nus. Du reste, l'air et la mer demeurent,
excepté tout autour du navire hollandais, paisibles comme auparavant.)

LES MATELOTS NORWÉGIENS, qui ont prêté l'oreille et regardé
d'abord avec étonnement, puis avec épouvante.

Les chants étranges! est-ce une vision? Je me sens frisson-

ner ! Entonnez notre chant ! Chantez à pleine voix : « Pilote !
repose-toi ! etc. »

(Le chant de l'équipage du Hollandais est répété avec une force croissante dans quelques strophes ; les Norwégiens cherchent à le dominer
par leur chanson ; après d'inutiles efforts, le tumulte de la mer,
les grincements, les hurlements, les sifflements d'une tempête surnaturelle, et le chant de plus en plus sauvage des Hollandais les
réduisent au silence. Ils reculent, s'enfuient et abandonnent le pont ;
les Hollandais, en les voyant fuir, poussent un cri de moquerie
strident. Tout à coup le silence de la mort recommence à régner sur
leur navire ; l'air et la mer redeviennent en un instant paisibles
comme auparavant.)

SCÈNE II

(Senta sort tout émue de la maison ; Erik la suit, en proie à la plus
vive agitation.)

ERIK.

A quoi suis-je réduit ! ô Dieu, qu'ai-je entendu, qu'ai-je vu !
Est-ce illusion ou réalité ? Est-il bien vrai ?

SENTA, se détournant avec une émotion douloureuse.

Oh ! n'interroge pas ! je ne puis te répondre.

ERIK.

Dieu juste, plus de doute ! C'est bien vrai ! Quelle force fatale
t'a entraînée là ? Quelle puissance t'a séduite si vite ? Ton père,

oh ! c'est lui qui a amené le fiancé... Je le connaissais bien...
Je pressentais ce qui arrive ! mais toi... Est-il possible ! Tu
donnes ta main à l'homme qui vient à peine de franchir ton
seuil ?

SENTA, comme précédemment.

Assez ! tais-toi ! il le faut, il le faut !

ERIK.

Obéissance aveugle comme ton action ! Tu as salué avec joie
l'ordre de ton père ; d'un seul coup, tu as anéanti mon cœur !

SENTA, en proie à une lutte intérieure.

Assez ! assez ! Il ne m'est plus permis de te voir, de penser à
toi. J'obéis à un devoir sacré.

ERIK.

Quel devoir sacré ? N'en est-ce pas un plus sacré de garder ce
que tu m'as promis naguère, une fidélité éternelle ?

SENTA, avec vivacité.

Comment ! je t'aurais promis une fidélité éternelle ?

ERIK, avec douleur.

Senta ! Senta ! le nies-tu ? Ne veux-tu plus te rappeler ce jour
où tu me fis descendre de la montagne et m'appelas dans la
vallée ? où pour te cueillir les fleurs des pics, j'affrontai des fatigues sans bornes ? Te souviens-tu comment, du haut du
sommet escarpé, nous vîmes ton père s'éloigner du rivage ? Il
partait sur son navire aux ailes blanches ; il te remit à ma pro
tection : quand ton bras s'enlaça autour de mon cou, ne me

7.

renouvelas-tu pas ta promesse d'amour? Ce qui me pénétrait si profondément, quand nos mains se pressaient, dis, n'était-ce pas l'assurance de ta fidélité?

(Le Hollandais, qui a entendu la scène, se précipite alors dans une agitation terrible.)

LE HOLLANDAIS.

Perdu ! Ah ! perdu ! le salut perdu pour jamais !

ERIK, reculant épouvanté.

Que vois-je? ô Dieu !

LE HOLLANDAIS.

Adieu, Senta.

SENTA, se jetant au-devant de lui.

Arrête, malheureux?

ERIK, à Senta.

Que fais-tu ?

LE HOLLANDAIS.

En mer ! en mer ! pour l'éternité ! C'en est fait de ta fidélité, de ta fidélité et de mon salut ! Adieu, je ne veux pas t'entraîner à ta ruine !

ÉRIK.

Horreur ! cette vue...!

SENTA , comme précédemment.

Arrête ! tu ne dois plus jamais t'éloigner d'ici !

LE HOLLANDAIS donne à son équipage un signal avec un coup de
sifflet éclatant.

Les voiles au vent! l'ancre au navire! dites à la terre un éternel
adieu.

SENTA, chantant avec le Hollandais et Erik.

Ah! doutes-tu de ma fidélité? Infortuné, qu'est-ce qui t'aveugle? Arrête! ne regrette pas notre alliance! ce que j'ai promis,
je le tiendrai.

LE HOLLANDAIS, chantant avec Senta et Erik.

Me voilà une fois encore repoussé sur la mer! Je doute de toi,
je doute de Dieu! C'en est fait de toute fidélité, ce que tu me
promettais n'était que moquerie.

ERIK, chantant avec Senta et le Hollandais.

Qu'entends-je? ô mon Dieu! Que vois-je? Faut-il en croire
mes oreilles, mes yeux? Senta! veux-tu courir à ta perte?
Viens à moi! tu es dans les griffes de Satan!

LE HOLLANDAIS.

Apprends le sort dont je veux te préserver! Je suis condamné
à la plus affreuse des destinées; dix morts seraient pour moi une
faveur souhaitée! Une femme seule peut me relever de cette
malédiction, une femme qui me voue une fidélité jusqu'à la
mort. Tu m'as bien promis fidélité, mais pas encore devant Dieu;
c'est ce qui fait ton salut! car sache, infortunée, quel est l'arrêt
dont sont frappées celles qui m'ont rompu leur foi : damnation
éternelle, voilà leur destinée. Des victimes sans nombre ont subi
à cause de moi cette sentence; mais toi, il faut que tu y échap-
pes! Adieu, Senta! Adieu aussi, mon salut, pour l'éternité!

ERIK, dans une angoisse horrible.

Au secours! sauvez-la! sauvez-la!

SENTA, dans la plus vive agitation.

Je te connais bien! je connais ta destinée! Je te connaissais lorsque je t'ai vu pour la première fois! La fin de ton supplice est là! C'est moi dont la fidélité sera le prix de ton salut!

(Aux cris d'Erik sont accourus de la maison Daland, Mary, les jeunes filles; les matelots sont descendus du navire.)

ERIK.

Secourez-la! Elle est perdue!

DALAND, MARY et le CHŒUR.

Que vois-je!

LE HOLLANDAIS, à Senta.

Tu ne me connais pas, tu ne peux deviner qui je suis!

(Il montre son vaisseau, dont les voiles rouges sont déployées et dont l'équipage, dans une agitation effroyable, est en train d'appareiller.)

Interroge les mers de toutes les zones, interroge le navigateur qui a sillonné l'Océan dans tous les sens, il connaît ce vaisseau, l'effroi des hommes pieux : on me nomme le HOLLANDAIS-VO-LANT.

(Il arrive avec la rapidité de l'éclair à bord de son navire, qui s'éloigne à l'instant même au milieu des cris de l'équipage. Tous demeurent immobiles et frappés d'effroi. Senta s'efforce d'échapper aux mains de Daland et d'Erik qui la retiennent.)

DALAND, ERIK, MARY et le **CHŒUR.**

Senta! Senta! que veux-tu faire?

(Senta s'est délivrée à la fin par de violents efforts, et elle atteint une
pointe de rocher qui s'avance dans la mer; de là, elle crie de toutes
ses forces au Hollandais qui s'éloigne :)

SENTA.

Gloire à ton ange libérateur! gloire à sa loi! Regarde et vois
si je te suis fidèle jusqu'à la mort.

(Elle se précipite dans la mer; au même moment, le navire du Hollandais s'abîme et disparaît en un clin d'œil. Dans le lointain, on
voit s'élever au-dessus des flots le Hollandais et Senta transfigurés;
il la tient embrassée.)

FIN DU VAISSEAU FANTOME

TANNHÆUSER

LA GUERRE DES CHANTEURS A WARTBURG

OPÉRA EN TROIS ACTES

PERSONNAGES

—

HERMANN, landgrave de Thuringe.
TANNHÆUSER,
WOLFRAM D'ESCHENBACH,
WALTER DE LA VOGELWEIDE,
BITEROLF,
HENRI, le scribe,
REIMAR DE ZWETER, } Chevaliers et chanteurs.
ÉLISABETH, nièce du landgrave.
VÉNUS.
UN JEUNE BERGER.

Chevaliers, comtes et nobles de Thuringe. — Nobles dames. —
Pages. — Pèlerins jeunes et vieux. — Sirènes, Naïades,
Nymphes, Bacchantes.

———

La scène se passe en Thuringe, à Wartburg, au commencement
du treizième siècle.

TANNHÆUSER

ET

LA GUERRE DES CHANTEURS A WARTBURG

ACTE PREMIER

La scène représente l'intérieur du Venusberg (Hœrselberg, près d'Eisenach.) Au fond, une vaste grotte qui, tournant à droite, semble s'étendre à perte de vue. Dans la partie la plus reculée du fond, un lac bleu ; on aperçoit dans le lac des naïades qui se baignent, sur ses rives élevées des sirènes couchées. Tout à fait sur le premier plan à gauche, Vénus est étendue sur un lit ; devant elle, presque agenouillé et la tête sur son sein, est Tannhæuser. — Toute la grotte est éclairée par une lumière rose. — Le milieu est occupé par un groupe de nymphes qui dansent ; sur de petits tertres qui avancent des deux côtés de la grotte sont couchés des couples d'amants ; ils viennent l'un après l'autre se mêler à la danse des nymphes. — Une troupe de bacchantes vient du fond, emportée par une danse désordonnée et bruyante ; elles traversent, en faisant des gestes d'ivresse, les groupes de nymphes et d'amants, et jettent bientôt parmi eux le plus grand tumulte. Au bruit de la danse, qui devient de plus en plus effrénée, répond au fond, comme un écho, le chant des sirènes.

SCÈNE PREMIÈRE

CHANT DES SIRÈNES.

Approchez du rivage, approchez de la terre, où dans les bras d'un amour brûlant un feu délicieux apaise vos désirs !

(Les danseurs s'arrêtent en formant le groupe le plus passionné, et prêtent l'oreille au chant. — La danse se ranime ensuite, et arrive au dernier degré d'impétuosité. Au plus fort de cette ivresse et de cette furie de bacchantes se fait sentir une langueur soudaine, qui gagne de toutes parts. Les couples d'amants s'éloignent peu à peu de la danse, et se couchent, comme dans un délicieux épuisement, sur les tertres de la grotte. La troupe des bacchantes disparaît vers le fond, où s'étend une vapeur de plus en plus épaisse. Sur le devant de la scène tombe aussi par degrés une vapeur épaisse qui voile comme dans des nuages les groupes de dormeurs; la partie visible de la scène libre finit par se réduire ainsi à un espace étroit, où Vénus et Tannhæuser restent seuls, dans leur attitude première. Dans l'éloignement retentit le chant des sirènes.)

SCÈNE II

VÉNUS, TANNHÆUSER.

(Tannhæuser lève la tête en tressaillant, comme s'il sortait d'un rêve. Vénus le ramène avec des caresses. Tannhæuser porte la main sur ses yeux, comme s'il cherchait à fixer l'image d'un songe.)

VÉNUS.

Dis-moi, bien-aimé, où s'égare ta pensée?

TANNHÆUSER.

C'est trop! c'est trop! Oh! vienne à présent le réveil!

VÉNUS.

Parle, quel souci t'occupe?

TANNHÆUSER.

Je rêvais; il me semblait entendre ce qui est depuis si long-
mps étranger à mon oreille! Il me semblait entendre les sons
yeux des cloches : oh! dis-moi combien il s'est écoulé de temps
puis que je ne les ai entendus?

VÉNUS.

Où s'égare ton esprit? quelles idées l'assaillent?

TANNHÆUSER

Le temps que je suis resté ici, je ne puis le mesurer : de jours,
 mois, il n'en est plus pour moi, car je ne vois plus le soleil,
 ne vois plus les aimables constellations du ciel; je ne vois
us le gazon, dont la fraîche verdure amène le nouvel été; je
entends plus le rossignol, mon messager du printemps. N'en-
ndrai-je plus ces choses, ne les verrai-je plus jamais?

VÉNUS.

Que dis-tu? quelles plaintes insensées! Es-tu si vite fatigué
s suaves merveilles que t'apprête mon amour? ou bien re-
ettes-tu donc à ce point d'être un Dieu? as-tu si tôt oublié
 que tu souffrais autrefois, toutes les joies que tu goûtes main-
nant? Allons, debout, mon chanteur! prends ta harpe, et célè-
e l'amour : tu le chantes si magnifiquement, que tu as conquis

la déesse elle-même de l'amour ! Célèbre l'amour, puisque tu en
as gagné le prix le plus sublime !

TANNHÆUSER. Il prend soudain une résolution mâle, saisit la harpe,
et se place avec solennité devant Vénus.

I

Gloire à toi ! Hommage aux merveilles que ta puissance a
créées pour mon bonheur ! Que les délices, que ta grâce a versées
sur moi, soient exaltées dans mon chant, éclatant d'allégresse.
Avide de plaisir, de jouissances souveraines, mon cœur languis-
sait, mon âme était altérée ; alors, ce que tu n'avais accordé
autrefois qu'aux dieux, ta faveur m'y a fait participer, moi mortel. Mais mortel, hélas ! je suis resté, et ton amour accable ma
faiblesse ; si un dieu peut aimer toujours, moi, je suis soumis
au changement. Le plaisir seul n'est pas ce qu'il faut à mon
cœur ; après les joies, j'appelle les douleurs : il faut fuir de ton
empire. O reine, ô déesse ! laisse-moi partir !

VÉNUS, sans quitter sa place.

Quelles pensées, quel chant tu me fais entendre ! Quels tristes
accents assombrissent ta voix ! Qu'est devenu l'enthousiasme
qui ne t'inspirait que des chants de volupté ? Qu'as-tu ? quelle né-
gligence reproches-tu à mon amour ? Mon bien-aimé, de quoi
m'accuses-tu ?

TANNHÆUSER, modulant sur la harpe.

II

Grâces soient rendues à ta bonté ! Hommage à ton amour !

Heureux pour jamais, celui qui demeure près de toi ! A jamais enviable, celui dont les ardents désirs participent dans tes bras au feu divin ! Les merveilles de ton empire remplissent d'ivresse ; je respire ici l'enchantement de tous les plaisirs. Nulle contrée dans la vaste terre n'offre rien de pareil : les richesses qu'elle possède, méritent tes dédains. Mais moi, au milieu de ces roses vapeurs, je soupire après le souffle des bois, après le limpide azur de notre ciel, après la verdure de nos fraîches prairies, après le chant aimé de nos oiseaux, après le son familier de nos cloches : il faut fuir de ton empire. O reine, O déesse ! laisse-moi partir !

VÉNUS, se levant courroucée.

Infidèle ! Malheur ! Quelles paroles oses-tu prononcer ? Ne crains-tu pas de mépriser mon amour ? Tu le vantes, et veux pourtant le fuir ! Es-tu rassasié de mes charmes ?

TANNHÆUSER.

O belle déesse ! épargne-toi ce courroux ! Tes attraits accablants pour moi, voilà ce que je fuis.

VÉNUS, chantant avec Tannhæuser.

Malheur à toi ! traître ! hypocrite ! ingrat ! Je ne te laisserai pas t'éloigner ! Tu ne me quitteras pas !

TANNHÆUSER, chantant avec Vénus.

Jamais mon amour ne fut plus grand, jamais il ne fut plus vrai qu'à cette heure, où il faut te fuir pour l'éternité.

Vénus fait un geste de colère, et détourne son visage en le couvrant de ses mains. Après une pause, elle le reporte sur Tannhæuser en souriant et avec une expression séduisante.)

VÉNUS, commençant à demi-voix.

Viens, mon bien aimé? Vois-tu là-bas la grotte enveloppée des molles spirales de vapeurs colorées! Un dieu même serait ravi par ce séjour des plus suaves voluptés ; que, sur l'oreiller le plus doux, la douleur assoupie soit chassée de tes membres ; qu'autour de ton front brûlant voltige une fraîche haleine, qu'un feu délicieux enfle ton cœur. Du lointain charmant de séduisantes mélodies m'invitent à t'enlacer dans un tendre embrassement; sur mes lèvres, tu vas boire à longs traits le divin breuvage ; de mes yeux rayonnent pour toi les faveurs de l'amour : que de nos liens naisse une fête de plaisirs, célébrons en joie, les solennités de l'amour ! Tu ne dois pas lui consacrer une chétive offrande, non ! Enivre-toi de voluptés avec la déesse de l'amour.

LES SIRÈNES, dans l'éloignement, invisibles.

Approchez du rivage, approchez de la terre !

VÉNUS, attirant doucement à elle Tannhæuser.

Mon chevalier! mon bien-aimé! veux-tu fuir?

TANNHÆUSER

(Au dernier degré de l'exaltation, il prend la harpe d'une main frémissante.)

III

Pour toi seule, pour toi seule retentirent toujours mes chants ! Qu'ils ne soient qu'un hymne éclatant à ta divinité! Ta grâce délicieuse est la source de toute beauté, et les plus suaves merveilles sont ton œuvre. Que le feu, versé par toi dans mon cœur,

;'élève, flamboie et brille pour toi seule. Oui, contre tout l'univers
e veux sans crainte être désormais ton vaillant champion. Mais
l faut que je retourne dans le monde terrestre; près de toi, je ne
uis être qu'un esclave; mais j'aspire à la liberté, la soif m'est
enue, la soif de liberté. Je veux affronter combat et lutte, dût
a mort, dût la défaite m'y attendre : c'est pourquoi il faut fuir
on empire, ô reine. O déesse ! laisse-moi partir !

VÉNUS, dans une violente colère.

Pars donc, insensé, pars donc ! Va, traître, je ne te retiens
lus. Tu es libre, pars, pars, que le destin, que tu demandes, te
oit accordé. Retourne parmi les hommes au cœur froid ; leurs
aines, folles et lugubres croyances ont fait fuir les dieux de la
oie jusque dans le sein profond et chaud de la terre. Pars,
omme aveugle, cherche ton salut, cherche-le sans le trouver
amais! Ceux que tu as combattus, que tu as vaincus, qui ont
ubi les éclats outrageants de ton orgueil, va les supplier, eux,
'objet de ta dérision; dans ces lieux témoins de tes mépris, va
mplorer la faveur! Ta misère et ton opprobre fleuriront alors;
xilé, maudit, tu traîneras après toi les dédains ; je te vois ap-
rocher, brisé, foulé aux pieds, couvert de poussière, le front
umilié. « Oh! si tu la retrouvais, celle qui te riait naguère; oh!
si se rouvraient devant toi les portes de ses splendeurs! » Le
oici gisant devant le seuil, où jadis coulaient pour lui les flots de
a joie : il supplie, le compagnon d'autrefois, il mendie, non
amour, mais la pitié. Arrière le mendiant! A jamais fermé aux
sclaves, ce n'est qu'aux héros que s'ouvre mon empire !

TANNHÆUSER.

Mon courage t'épargnera la douleur de me voir approcher

déshonoré ; je pars pour jamais, adieu ! La déesse jamais ne me verra revenir.

VÉNUS.

Quoi ! tu ne reviendrais plus à moi ! Qu'ai-je dit et qu'a-t-il dit ? Comment expliquer ces paroles, comment les comprendre ? Mon bien-aimé m'abandonner pour toujours ? Par quel crime l'aurais-je mérité ? La déesse de la grâce se verrait ravir la joie de faire grâce à ce qu'elle aime ? Moi qui jadis, d'une oreille avide, écoutais, souriant dans les larmes, tes fiers accents, muets trop longtemps autour de moi ! Pourrais-tu rêver que je restasse jamais insensible aux soupirs plaintifs de ton âme, élancée jusqu'à moi ? La suprême consolation que j'ai trouvée dans tes bras, ne me la fais pas payer par tes dédains pour la consolation que je te réserve ! Si tu ne revenais pas, oh ! le monde serait maudit ! il ne serait plus à jamais qu'un morne désert, quand la déesse l'aurait quitté ! Reviens, reviens à moi, aie foi dans les faveurs de mon amour !

TANNHÆUSER.

Qui renonce à toi, ô déesse, renonce pour jamais à toute faveur !

VÉNUS.

N'oppose pas l'orgueil à tes désirs, s'ils viennent à te ramener à moi.

TANNHÆUSER.

Mes désirs me poussent au combat ; je ne cherche pas les délices et le plaisir. Écoute et comprends, ô déesse : mes désirs me poussent à la mort.

VÉNUS.

Et si la mort elle-même te fuit, si elle-même te refuse une tombe !

TANNHÆUSER.

La mort, la tombe dans le cœur, je trouverai le repos par la pénitence !

VÉNUS.

Jamais le repos ne te sera donné! Jamais tu ne trouveras le salut! Reviens à moi si tu cherches la paix! Reviens, si tu cherches le salut !

TANNHÆUSER.

Déesse de la volupté, ce n'est pas en toi que reposent ma paix, mon salut! c'est en Marie !

(Un coup terrible se fait entendre, Vénus a disparu.)

SCÈNE III

Tannhæuser se trouve tout à coup dans une belle vallée ; au-dessus de lui le ciel bleu. A droite, au fond, la Wartburg ; à gauche, dans un plus grand éloignement, le Hœrselberg... A droite, à mi-côte de la vallée, un sentier de montagne conduit vers le devant de la scène, où il fait un coude de côté; sur le même plan est une image de la Mère de Dieu, vers laquelle on monte par une saillie peu élevée de la montagne... Sur la hauteur, à gauche, on entend des cloches de troupeaux; sur un bord escarpé est assis un jeune berger; il joue du chalumeau, et chante.

LE BERGER.

Dame Holda est sortie de la montagne pour parcourir champs
et prairies ; alors mon oreille a entendu une douce mélodie, mes
yeux ont désiré voir : j'ai rêvé alors plus d'un rêve charmant,
et à peine mes yeux étaient-ils ouverts, ils ont vu luire les
chauds rayons du soleil : mai, mai était arrivé. Maintenant je
joue gaiement du chalumeau. Il est là, mai, le mai bien-aimé.

(Il joue du chalumeau ; on entend le chant des vieux pèlerins. Ils
viennent du côté de la Wartburg, et cheminent à droite le long du
sentier de la montagne.)

CHANT DES VIEUX PÈLERINS.

C'est vers toi que je vais, Seigneur Jésus, vers toi qui es
l'espérance du pécheur ! Louanges à toi, Vierge douce et pure;
sois propice à notre pèlerinage !... Ah ! je sens peser sur moi le
faix de nos péchés, je ne puis le porter plus longtemps ; c'est
pourquoi je renonce à la paix, au repos, et j'embrasse avec
ardeur la fatigue, les souffrances. A la fête auguste du jubilé
je vais racheter humblement mes péchés; béni l'homme qui
reste fidèle dans la foi; il est sauvé par la pénitence et le repentir.

(Le berger, qui a continué à jouer de la musette, s'arrête lorsque la
procession des pèlerins est arrivée sur la hauteur en face de lui.)

LE BERGER, agitant son chapeau et appelant à grands cris les
pèlerins.

Dieu vous protége! Dieu protége votre pèlerinage à Rome
Priez pour ma pauvre âme.

TANNHÆUSER, saisi d'une émotion profonde et tombant à genoux.)

Tout-Puissant, gloire à toi ! Augustes sont les miracles de ta grâce.

(La procession des pèlerins s'éloigne de plus en plus de la scène, de sorte que leur chant va s'éteignant peu à peu.)

CHANT DES PÈLERINS.

C'est vers toi que je vais, Seigneur Jésus, vers toi qui es l'espérance du pécheur ! Louanges à toi, Vierge douce et pure, sois propice à notre pèlerinage !

TANNHÆUSER.

(Tandis que le chant des pèlerins se perd ici un instant, Tannhæuser le continue, à genoux, comme absorbé dans une fervente prière.)

Ah ! je sens peser sur moi le faix de mes péchés, je ne puis le porter plus longtemps ; c'est pourquoi je renonce à la paix, au repos, j'embrasse avec ardeur la fatigue, les souffrances.

(Des larmes étouffent sa voix ; on entend, à une plus grande distance, continuer le chant des pèlerins, qui se perd enfin tout à fait ; pendant ce temps-là, on entend sonner au fond de la scène, du côté d'Ei-senach, des cloches d'église. Les cloches se taisent, et l'on entend à gauche des sons de cor.)

R.

SCÈNE IV

(D'un bois qui couvre la pente de la colline, à gauche, on voit sortir un à un, par un sentier, le landgrave et les chanteurs, en costume de chasse. Dans le courant de la scène, tout ce qui fait partie de la chasse du landgrave se trouve successivement réuni sur la scène.)

LE LANDGRAVE.

Quel est cet homme en si fervente prière?

WALTHER.

Un pénitent, sans doute.

BITEROLF.

A son costume on dirait un chevalier.

WOLFRAM, il s'est approché de Tannhæuser et l'a reconnu.

C'est lui.

LES CHANTEURS et LE LANDGRAVE.

Henri! Henri! ne me trompé-je pas?

(Tannhæuser, qui a tressailli de surprise, se remet et s'incline en silence devant le landgrave, après avoir jeté un rapide coup d'œil sur lui et sur les chanteurs.)

LE LANDGRAVE.

Est-ce bien toi? Reviens-tu parmi ceux que tu avais orgueilleusement abandonnés?

BITEROLF.

Parle, que nous annonce ton retour? Est-ce la paix ? ou s'a-
it-il de recommencer le combat ?

WALTHER.

Nous reviens-tu en ami ou en ennemi ?

LES AUTRES CHANTEURS, excepté Wolfram.

Est-ce en ennemi ?

WOLFRAM.

Ne le demandez pas ! Est-ce là l'attitude de l'orgueil ? Salut à
i, vaillant chanteur, qui manques depuis si longtemps, hélas !
u milieu de nous.

WALTHER.

Sois le bienvenu, si tu viens dans un esprit de paix.

BITEROLF.

Salut à toi, si tu nous donnes le nom d'amis.

TOUS LES CHANTEURS.

Salut ! salut à toi! trois fois salut !

LE LANDGRAVE.

Sois donc aussi le bienvenu pour moi! Parle, où est-tu resté
longtemps ?

TANNHÆUSER.

J'ai erré dans des contrées lointaines, bien lointaines, dans
s lieux où je n'ai trouvé ni paix, ni repos. Ne m'interrogez-

pas ! je ne suis pas venu pour combattre avec vous. Que tout soit oublié entre nous, et laissez-moi partir !

LE LANDGRAVE.

Non pas ! Tu nous appartiens de nouveau.

WALTHER.

Tu ne partiras pas.

BITEROLF.

Nous ne le permettrons pas.

TANNHÆUSER , chantant avec le landgrave et les chanteurs.

Laissez-moi ! Nul séjour n'est plus fait pour moi , et il ne m'est plus possible de me reposer jamais ; ma voie m'entraîne sans cesse en avant, car je ne puis plus porter un regard en arrière.

LE LANDGRAVE et les **CHANTEURS** , chantant avec Tannhæuser.

Reste, reste parmi nous ; il le faut ! nous ne te laisserons pas t'éloigner de nous. Tu veux nous fuir, et pourquoi, après un retour si court ?

TANNHÆUSER , se dérobant de leurs bras.

Loin , loin d'ici !

LES CHANTEURS.

Reste, reste près de nous.

WOLFRAM, se plaçant en face de Tannhæuser, et élevant la voix.

Reste près d'Élisabeth !

TANNHÆUSER , vivement ébranlé, et avec joie.

Élisabeth! O puissance du ciel, c'est toi qui me cries ce nom enchanteur ?

WOLFRAM.

Tu ne m'appelleras pas ennemi, pour l'avoir prononcé! Me permets-tu, seigneur, d'être le messager de son bonheur?

LE LANDGRAVE.

Dis-lui le charme qu'il a exercé, et puisse Dieu lui prêter la vertu d'en diriger noblement l'effet!

WOLFRAM.

Tu luttais vaillamment contre nous; tantôt tes chants victorieux l'emportaient sur nos chants, et tantôt notre art triomphait du tien. Mais il était un prix que toi seul avais gagné. Était-ce par enchantement, était-ce par un pouvoir innocent que ton chant, plein de volupté et de souffrance, avait subjugué la plus vertueuse des jeunes filles? Dès que tu nous eus fièrement abandonnés, son cœur, hélas! se ferma à nos chants; nous vîmes ses joues pâlir, elle s'éloigna pour toujours de nos réunions. Oh! reviens, vaillant chanteur, reviens associer ta voix à la nôtre, qu'elle ne manque pas plus longtemps à nos fêtes, que son étoile luise de nouveau à nos regards.

LES CHANTEURS.

Sois des nôtres, Henri! reviens à nous! renonçons à la discorde, au combat! que nos chants résonnent ensemble, et appelons-nous frères désormais!

TANNHÆUSER, ému, embrasse Wolfram et les chanteurs avec
vivacité.

Près d'elle! près d'elle! conduisez-moi près d'elle.

(Tannhæuser chantant avec le landgrave et les chanteurs.)

Oui, je le reconnais maintenant, le monde magnifique que j'avais déserté! Le ciel abaisse ses regards sur moi, les champs déploient fièrement leur riche parure. Le printemps, aux mille fruits charmants, est entré dans mon âme, ivre d'allégresse; pressé d aiguillons impétueux et doux, mon cœur crie tout haut : près d'elle! près d'elle!

LE LANDGRAVE et les CHANTEURS chantent avec Tannhæuser.

Il revient, celui que nous avons perdu! un miracle nous l'a ramené. Toi qui as conjuré son orgueil, gloire à toi, gracieuse puissance! Que désormais l'objet de nos louanges prête de nouveau l'oreille à $\genfrac{}{}{0pt}{}{vos}{nos}$ chants inspirés! Que des chants d'allégresse résonnent, que le chant jaillisse de toutes les poitrines!

(Toute la chasse est rassemblée dans la vallée. Le landgrave sonne du cor; les chasseurs lui répondent par des sons de cor retentissants. Le landgrave et les chanteurs montent sur les chevaux qu'on leur a amenés de la Wartburg.)

FIN DU PREMIER ACTE

ACTE DEUXIÈME

La salle des chanteurs à la Wartburg ; au fond, la vue s'étend sans obstacle sur l'enceinte du burg et sur la vallée.

SCÈNE PREMIÈRE

ÉLISABETH, elle entre joyeuse et agitée.

Voûtes bien-aimées, je vous salue de nouveau, je vous salue avec joie, chères enceintes ! C'est ici que s'élèvent ses chants, ici qu'ils m'éveillent d'un rêve sombre. — Lorsqu'il vous eut quittées, combien vous me parûtes désertes ! La paix s'enfuit loin de moi, la joie vous abandonna. — Maintenant ma poitrine respire et se relève, et vous, vous semblez reprendre un aspect auguste et fier ; celui qui nous rend la vie à toutes deux, il va venir, il approche. Voûtes, salut à vous, salut !

(Wolfram et Tannhæuser paraissent au fond.)

WOLFRAM.

La voici ; approche sans crainte !

(Il demeure au fond, appuyé sur la balustrade du balcon.)

TANNHÆUSER, se précipitant impétueusement aux pieds d'Élisabeth.

Princesse!

ÉLISABETH, éperdue et tremblante.

Dieu! levez-vous! laissez-moi! je ne puis vous voir ici!

(Elle veut s'éloigner.)

TANNHÆUSER.

Tu le peux! reste, et laisse-moi à tes pieds!

ÉLISABETH, se tournant vers lui avec tendresse.

Levez-vous! Vous ne devez pas vous agenouiller ici, car cette salle est votre royaume! Levez-vous! Soyez remercié d'être revenu! Où êtes-vous resté si longtemps?

TANNHÆUSER, se relevant lentement.

Bien loin d'ici, dans une contrée reculée. L'oubli a abaissé un voile épais entre hier et aujourd'hui. Tout s'est en un instant effacé de ma mémoire, et je ne saurais me rappeler qu'un seul souvenir, c'est que je n'espérais plus vous saluer encore, ni élever vers vous mes regards.

ÉLISABETH.

Qu'était-ce donc alors qui vous ramenait?

TANNHÆUSER.

C'est un miracle, un auguste et incompréhensible miracle.

ÉLISABETH, avec un élan de joie.

Grâces soient rendues à ce miracle du plus profond de mon cœur!

(Elle se contient tout à coup, — elle continue avec embarras.)

Pardonnez ! je ne sais quelles paroles m'échappent ! Je suis le jouet d'un songe, et plus faible d'esprit qu'un enfant, livrée, femme impuissante, à la puissance des miracles. A peine puis-je me reconnaître maintenant ; venez à mon secours, aidez-moi à deviner l'énigme de mon cœur ! — Autrefois, je prenais plaisir à écouter sans cesse les savantes mélodies des chanteurs ; leurs chants, leurs louanges me paraissaient un jeu délicieux. — Mais quelle vie étrangement nouvelle votre chant fit éclore en mon sein ! Je le sentais parfois me transpercer presque comme une douleur, et tantôt me pénétrer d'une volupté soudaine : senti-ments non encore éprouvés ! désirs que je n'avais jamais con-nus ! Ce qui m'était aimable autrefois, avait disparu devant les délices pour lesquelles je n'avais pas encore de nom ! — Et lorsque vous vous fûtes éloigné de nous, paix, joie, tout m'avait abandonné ; les mélodies que chantaient les chanteurs me sem-blaient tristes, leurs pensées sinistres ; je sentais dans mes songes de sourdes douleurs ; éveillée, ma vie était un lugubre délire ; la joie avait déserté mon cœur : Henri ! quel prodige aviez-vous exercé sur moi ?

TANNHÆUSER, avec enthousiasme.

C'est au dieu de l'amour que tu dois rendre hommage, c'est lui qui avait touché les cordes de mon cœur, c'est lui qui te parlait par mes mélodies, c'est lui qui m'a ramené près de toi.

ÉLISABETH, chantant avec Tannhæuser et Wolfram.

Bénie soit l'heure, bénie soit la puissance, qui m'apporta la nouvelle, la délicieuse nouvelle de votre approche ! Entouré d'une clarté enchanteresse, le soleil rit à mes yeux; éveillée à une vie nouvelle, je dis au bonheur : tu es à moi !

TANNHÆUSER, chantant avec Élisabeth et Wolfram.

Bénie soit l'heure, bénie soit la puissance qui m'apporta la nouvelle, la nouvelle tombée de tes lèvres. Je me sens renaître, et je puis me vouer à la vie courageusement. Avec un joyeux frémissement, je dis à sa plus splendide merveille : Tu es à moi !

WOLFRAM au fond, chantant avec Élisabeth et Tannhæuser.

Ainsi m'échappe pour cette vie la dernière lueur d'espérance.

(Tannhæuser se sépare d'Élisabeth; il s'approche de Wolfram, l'embrasse et s'éloigne avec lui.)

SCÈNE III

(Le landgrave entre d'un côté de la scène; Élisabeth marche rapidement à sa rencontre, et cache son visage dans son sein.)

LE LANDGRAVE.

Je te rencontre donc ici, dans cette salle que tu as désertée si longtemps? Cèdes-tu enfin à l'attrait d'une fête de chanteurs que nous préparons?

ÉLISABETH.

Mon oncle ! mon bon père !

LE LANDGRAVE.

Te sens-tu pressée de m'ouvrir enfin ton cœur?

ÉLISABETH.

Regarde dans mes yeux ! Je ne saurais parler.

LE LANDGRAVE.

Garde donc sans le dire ton doux secret quelque temps encore ; que le charme reste entier, jusqu'à que tu aies la force
de le dénouer. — Qu'il en soit ainsi : le prodige que le
chant a préparé, éveillé en ton cœur, le chant va le dévoiler
aussi, et le couronner en l'achevant. Que le jeu poétique devienne
maintenant action et vie.

(On entend des trompettes.)

Déjà s'approchent les nobles de mes terres, invités par mon
ordre à cette fête magnifique. Ils viennent plus nombreux que
jamais, car ils ont appris que tu étais la reine de la fête.

SCÈNE IV

(Fanfares de trompettes. — Des comtes, des chevaliers et de nobles
dames, richement parés, sont introduits par des pages. Le landgrave et Élisabeth les reçoivent et les saluent.)

CHŒUR.

Nous saluons avec joie la noble salle : puisse-t-elle longtemps

n'être habitée que par l'art et la paix, retentir longtemps de
ce cri joyeux : « Prince de Thuringe, landgrave Hermann,
salut ! »

(Les chevaliers et les dames, conduits par les pages, ont pris place
  sur des siéges élevés, formant un large demi-cercle. Le landgrave et
  Élisabeth occupent sur le devant de la scène un siége d'honneur,
  placé sous un baldaquin... Trompettes... Les chanteurs entrent, et
  s'inclinent avec solennité devant l'assemblée, en saluant à la manière
  des chevaliers; puis, dans le milieu de la scène resté vide, ils s'assoient, en formant un demi-cercle plus étroit, sur les siéges qui
  leur sont destinés, Tannhæuser, tout à fait sur le devant de la scène
  à gauche, Wolfram à l'extrémité opposée et à droite, font face à
  l'assemblée.)

LE LANDGRAVE, se levant.

Cette salle a déjà bien des fois entendu tomber de vos lèvres,
chanteurs bien-aimés, de belles mélodies; par de sages énigmes
comme par de gaies chansons, votre jeu toujours ingénieux a
réjoui notre cœur... Quand notre épée soutenait dans de sérieux
et sanglants combats la majesté de l'empire allemand, quand nous
résistions à la fureur des Guelfes et que nous repoussions la
fatale discorde, vous n'avez pas conquis de moins nobles couronnes.

La grâce et la politesse de la vie, la vertu et la vraie foi ont
remporté par votre art une haute et magnifique victoire.

Aujourd'hui apprêtez-nous donc une fête à nous aussi, aujour-
d'hui qu'il nous est rendu, le vaillant chanteur, tant et si longtemps regretté par nous. Qui est-ce qui l'a ramené parmi nous,
c'est là, je crois, un étrange mystère; à vous il appartient de

le dévoiler par l'art du chant : voici donc la question que je vous pose maintenant : pourriez vous approfondir la nature de l'amour ? Qui le pourra, qui chantera le plus dignement l'amour, que celui-là reçoive le prix des mains d'Élisabeth ; que sa demande soit aussi haute, aussi hardie qu'il voudra, je prendrai soin qu'elle soit exaucée. Allons, chanteurs bien-aimés, préludez sur vos instruments ! Le problème est posé, disputez-vous le prix, et recevez tous d'avance l'expression de notre gratitude.

(Trompettes.)

CHŒUR DES CHEVALIERS ET DES NOBLES DAMES.

Salut! salut! prince de Thuringe! salut au protecteur de l'art gracieux, salut!

(Tous s'assoient. Quatre pages s'avancent, recueillent dans une coupe d'or, de la main de chaque chanteur, son nom écrit sur une petite feuille ; puis ils présentent la coupe à Élisabeth, qui tire une des petites feuilles, et la donne aux pages. Ceux-ci, après avoir lu le nom, s'avancent avec solennité au milieu de la scène, et crient :)

LES QUATRE PAGES.

Que Wolfram d'Eschenbach commence !

(Tannhæuser s'appuie sur sa harpe et semble se perdre dans sa rêverie. Wolfram se lève.)

WOLFRAM,

Quand mes regards parcourent ce cercle auguste, quel noble spectacle enflamme mon cœur ! Tant de héros, vaillants et sages, fleur de l'Allemagne, forêt de chênes, majestueuse et fière,

à la fraîche verdure! J'aperçois de gracieuses et vertueuses
dames, couronnées, parfumées d'aimables fleurs. Mes yeux à cette
vue sont troublés par l'ivresse, mon chant se tait devant tant de
grâces et de splendeurs... Quand, parmi ces étoiles, mes regards
s'élèvent vers une seule qui brille au ciel dont je suis ébloui,
mon esprit, fermé à toute autre image, se recueille, mon âme
s'absorbe dans une pieuse adoration. Et soudain se montre à
moi une fontaine merveilleuse, où mon esprit regarde, ravi d'é-
tonnement : il puise à cette fontaine des voluptés divines, qui
remplissent mon cœur d'ineffables douceurs... A Dieu ne plaise
que je vous laisse troubler cette fontaine, en souiller la source
par un contact téméraire ! Plutôt vivre dans l'adoration et le
sacrifice, plutôt verser avec joie la dernière goutte du sang de
mon cœur... Nobles auditeurs, vous pouvez lire dans ces paroles
comment je comprends la plus pure nature de l'amour.

LES CHEVALIERS ET LES DAMES, avec des mouvements
d'approbation.

C'est bien l'amour ! c'est bien l'amour ! honneur à ton
chant !

TANNHÆUSER, qui, vers la fin du chant de Wolfram, a tressailli
comme s'il sortait d'un songe, se lève rapidement.)

Et moi aussi, Wolfram, j'ai le droit de me féliciter de contempler ce que tu as vu ! Qui pourrait ne pas connaître cette fontaine ? Écoute, je célèbre hautement sa vertu ! Mais je ne puis,
sans me sentir brûler de désir, je ne puis m'approcher de sa
source ; je ne puis me défendre d'une soif brûlante, et j'approche
sans crainte mes lèvres altérées. Je m'abreuve à longs traits de
voluptés, où ne se mêle nulle terreur pusillanime ; car la fon-

taine est intarissable, comme mon désir inextinguible. Puisse donc le feu de mon désir brûler éternellement, pour qu'éternellement je me rafraîchisse à la source : et sache, Wolfram, que c'est ainsi que je comprends, dans sa vérité, la nature de l'amour.

(Élisabeth fait un mouvement pour applaudir ; mais elle voit tous les auditeurs garder un silence grave, et elle se retient timidement.)

WALTHER DE LA VOGELWEIDE se lève.

La fontaine que Wolfram nous a nommée, mon esprit la contemple aussi aux clartés de sa lumière ; mais toi qui as brûlé pour elle d'une soif ardente, Henri, non, tu ne la connais pas. Écoute mes paroles, prête l'oreille à mes leçons : la fontaine est la vertu, la vertu elle-même. Tu dois l'honorer d'un cœur fervent, sacrifier à sa divine transparence. Mais si tu approches tes lèvres de sa source pour calmer ta soif audacieuse, ne fût-ce que pour en effleurer le bord, elle perd pour jamais sa puissance merveilleuse ! Si tu veux puiser à la source une paix rafraîchissante, c'est ton cœur, et non tes lèvres qu'il faut désaltérer.

LES AUDITEURS, applaudissant avec bruit.

Hourra ! Walther ! Gloire à ton chant !

TANNHÆUSER, se levant avec vivacité.

O Walther, qui viens de faire entendre ce chant, tu as tristement défiguré l'amour ! Si tu ne sors pas de cette langueur craintive, en vérité, le monde aura bientôt tari. Pour rendre gloire à Dieu dans les sublimes hauteurs du ciel, levez vos regards vers le firmament, levez-les vers les étoiles ! Adorez ces merveilles, puisqu'il ne vous est pas donné de les comprendre ! Mais ce qui plie sous votre toucher, ce que votre cœur et vos sens peuvent atteindre, ce qui, produit de la même matière que vous, joint à vous ses formes souples, osez en jouir, pressés par un joyeux aiguillon : je ne connais l'amour que dans la jouissance.

(Profonde agitation parmi les auditeurs.)

BITEROLF, se levant avec impétuosité.

Allons, soutiens donc le combat contre nous tous ! Qui resterait calme à tes discours ? Si ta présomption y consent, prête maintenant, blasphémateur, prête l'oreille à nos paroles ! Quand un noble amour m'inspire, il trempe mes armes de courage ; pour préserver cet amour de toute injure, je verserais avec orgueil jusqu'à la dernière goutte de mon sang. Pour l'honneur des femmes et leur haute vertu, je combattrai de mon épée de chevalier ; mais ce qu'offre à ta jeunesse la jouissance, est un vil plaisir, et ne vaut pas un coup d'épée.

LES AUDITEURS, avec des applaudissements tumultueux.

Honneur à Biterolf ! Tiens, voici notre épée !

TANNHÆUSER, s'élançant de son siége avec une exaltation
croissante.

Ah ! Biterolf, fanfaron en délire, est-ce toi qui chantes l'amour, loup violent ? Non, certes, tu n'as rien compris de ce qui me paraît digne d'être aimé. Pauvre chevalier, quelle joie peux-tu avoir goûtée ? Ta vie n'a guère connu l'amour, et des joies qu'il t'a données, non, en vérité, pas une ne valait un coup d'épée.

(Agitation croissante parmi les auditeurs.)

CHEVALIERS, de différents côtés.

Ne le laissez pas finir ! arrêtez sa témérité.

LE LANDGRAVE à Biterolf, qui met la main à son épée.

Au fourreau l'épée ! Chanteurs, restez en paix !

(WOLFRAM se lève, rempli d'une noble indignation. Aussitôt qu'il commence, le plus profond silence se rétablit.)

O ciel, laisse-toi fléchir ; inspire et sanctifie mon chant ! Fais que je voie le crime banni de cette noble et pure assemblée !

Sublime amour, que mon chant te consacre un hymne inspiré, toi qui, sous les traits divins d'un ange, as pénétré dans mon âme ! Tu approches, messager céleste, je te suis dans un charmant éloignement, tu me conduis ainsi dans des régions où rayonne éternellement ton étoile.

TANNHÆUSER, au comble de l'enthousiasme.

Déesse de l'amour, c'est toi que mon chant doit célébrer ! Gloire te soit hautement rendue à cette heure par ma voix ! Ta grâce divine est la source de toute beauté, et les plus charmantes merveilles sont ton œuvre. Qui t'a pressée dans ses bras d'une étreinte brûlante, celui-là sait ce qu'est l'amour, nul ne le sait que lui. Pauvres mortels, qui jamais ne connûtes l'amour, partez, allez sur la montagne de Vénus !

(Explosion générale et terreur.)

TOUS.

Ah ! le maudit ! fuyez-le ! Entendez-vous ? il a été au Venusberg !

LES NOBLES DAMES.

Éloignez-vous ! fuyez son approche !

(Elles s'éloignent consternées et avec des gestes d'horreur. Seule, Élisabeth,
qui a suivi les péripéties de la scène avec une angoisse arrivée à un
degré effrayant, demeure en arrière, loin des femmes, pâle, faisant
un effort suprême pour rester debout, appuyée contre une des co-
lonnes du baldaquin. Le landgrave, tous les chevaliers et les chanteurs ont quitté leurs places et se réunissent. Tannhæuser, à l'extrémité à gauche, reste encore assez longtemps comme ravi en extase.)

LE LANDGRAVE, LES CHEVALIERS et LES CHANTEURS.

Vous l'avez entendu ! Sa bouche impudente en a fait l'aveu
redoutable. Il a partagé les plaisirs de l'enfer, il a séjourné dans
le Venusberg ! Horreur, infamie, malédiction ! qu'il soit replongé
dans le bourbier infernal, qu'il soit maudit, qu'il soit damné.

(Tous se précipitent, l'épée nue, sur Tannhæuser, qui prend une attitude de défi. Élisabeth se jette entre eux, avec un cri déchirant, et
couvre Tannhæuser de son corps.)

ÉLISABETH.

Arrêtez !

(A sa vue, tous s'arrêtent frappés de stupeur.)

LE LANDGRAVE, LES CHEVALIERS et LES CHANTEURS.

Que vois-je ? Élisabeth, la chaste jeune fille, parle pour l
pécheur ?

ÉLISABETH.

Arrière ! ou vous me donnerez la mort que je méprise ! Qu'est-ce que la blessure de votre glaive contre le coup mortel que j'ai reçu de lui ?

LE LANDGRAVE, LES CHEVALIERS et LES CHANTEURS.

Élisabeth ! qu'entends-je ? Comment ton cœur s'est-il laissé aveugler jurqu'à conjurer le châtiment de qui t'a fait une trahison si horrible ?

ÉLISABETH.

Qu'est-il question de moi ? C'est de lui, de son salut ! Voulez-vous lui ravir le salut éternel ?

LE LANDGRAVE, LES CHEVALIERS et LES CHANTEURS.

Il a rejeté toute espérance, jamais il ne pourra reconquérir le salut ! La malédiction du ciel est tombée sur lui ; qu'il meure dans son crime !

(Ils s'avancent de nouveau sur Tannhæuser.

ÉLISABETH.

Éloignez-vous ! Vous n'êtes pas ses juges ! Cruels ! jetez loin de vous l'épée furieuse, et prêtez l'oreille aux paroles d'une jeune fille pure ! Écoutez, par ma voix, la volonté de Dieu ! Le malheureux, que tient enchaîné la puissance d'un charme redoutable, serait-il condamné à n'obtenir jamais le salut par le repentir et l'expiation en ce monde ? Vous, si fermes dans la vraie foi, méconnaissez-vous à ce point les décrets du Très-Haut ? Vous qui voulez ravir au pécheur l'espérance, parlez, quel mal vous a-t-il fait ?

ÉLISABETH chante avec Tannhæuser.

Voyez la jeune fille, dont il a brisé la fleur par un coup soudain, qui l'aimait en son âme d'un amour profond, à laquelle il a gaiement transpercé le cœur; elle supplie pour lui, elle implore pour lui, afin qu'il se tourne, plein de repentir, vers la pénitence, afin qu'il retrouve la confiance et le courage de croire qu'un jour le Sauveur a souffert aussi pour lui.

TANNHÆUSER chante avec Élisabeth.

(Il est tombé peu à peu de la hauteur de son exaltation et de son défi. Profondément ému de la prière d'Élisabeth, il s'affaisse, brisé de douleur.)

Infortuné! malheur, malheur à moi!

LE LANDGRAVE., LES CHEVALIERS et LES CHANTEURS,
apaisés et émus par degrés.

Un ange est descendu de l'éther lumineux pour proclamer le saint décret de Dieu. Regarde, traître infâme, sens dans ton âme l'étendue de ton crime! Tu lui as donné la mort, elle prie pour ta vie ; qui resterait sourd à ces supplications angéliques? Eussé-je le droit de ne pas pardonner au coupable, je ne puis résister à la parole du ciel.

TANNHÆUSER.

Pour conduire le pécheur au salut, la messagère de Dieu est descendue près de moi; mais, hélas! pour la souiller d'un désir criminel, j'ai attaché sur elle un regard impie! O toi, élevée au-dessus de ces abîmes terrestres, toi qui m'as envoyé l'ange du salut, prends pitié du pécheur, abîmé dans le crime, qui a honteusement, hélas! méconnu la médiatrice du ciel.

LE LANDGRAVE, *après une pause.*

Un crime affreux a été commis : un fils maudit du péché s'est
glissé près de nous sous un masque hypocrite. Nous te bannis-
sons loin de nous, tu ne peux rester parmi nous ; notre foyer
est souillé par ta présence, et le ciel même jette des regards de
menace sur ce toit qui t'a abrité trop longtemps. Mais pour te
sauver de la ruine éternelle, une voie te reste ouverte encore :
en te repoussant loin de moi, je vais te l'indiquer ; entre dans
cette voie de salut ! Des divers lieux de mes terres sont rassem-
blés des pèlerins pénitents, en grand nombre ; déjà les plus
vieux sont partis, les plus jeunes font halte encore dans la vallée. Ce ne sont que des fautes légères qui ne laissent pas de
repos à leur cœur ; afin d'apaiser leur pieux besoin de pénitence,
ils vont à Rome pour la fête du pardon.

LE LANDGRAVE, LES CHANTEURS et LES CHEVALIERS,
chantant avec Élisabeth et Tannhæuser.

Va avec eux en pèlerinage à la ville de la miséricorde ; et là,
courbe ton front dans la poussière, fais pénitence de ton
crime ! Prosterne-toi devant celui qui prononce l'arrêt de Dieu ;
mais garde-toi de revenir sans avoir reçu sa bénédiction ! Si
notre vengeance a dû fléchir parce qu'un ange s'est jeté devant
elle, ce glaive saura t'atteindre si tu demeures dans l'opprobre
et le péché !

ÉLISABETH, *chantant avec le landgrave, les chevaliers et les*
chanteurs.

Permets-lui de se rapprocher de toi, Dieu de grâce et de miséricorde ! pauvre pécheur tombé si bas, remets-lui la dette de
ses péchés ! Pour lui seul je veux t'implorer, que ma vie ne soit

que prière; fais luire à ses yeux ta lumière, avant qu'il s'anéantisse dans la nuit. Permets qu'avec un tremblement de joie te soit offert un sacrifice! Prends, oh! prends ma vie, dès cette heure elle n'est plus à moi!

TANNHÆUSER, chantant avec le landgrave, Élisabeth, les chevaliers et les chanteurs.

Comment trouver grâce, comment expier mon crime? J'ai vu sombrer tout à coup mon salut, la miséricorde du ciel me fuit. Mais je veux aller en pénitent, je veux frapper ma poitrine, me prosterner dans la poussière, je veux que la contrition soit ma joie. Oh! qu'il soit seulement réconcilié, l'ange de ma détresse, l'ange criminellement outragé, qui s'est offert pour moi en sacrifice.

(Chant des jeunes pèlerins. Leurs voix s'élèvent du fond de la vallée.)

A la fête sainte du jubilé, expiez vos fautes dans l'humilité! Béni l'homme fidèle dans la foi : il est sauvé par la pénitence et le repentir.

(Tous se sont arrêtés, et ont écouté le chant avec émotion. Tannhæuser, dont les traits s'illuminent du rayon de l'espérance soudainement réveillée, sort d'un pas rapide en criant :)

A Rome!

TOUS, criant après lui.

A Rome!

FIN DU DEUXIÈME ACTE

ACTE TROISIÈME

SCÈNE PREMIÈRE

WOLFRAM.

Je savais la trouver ici en prière, comme je la rencontre si
souvent, quand je m'égare, du haut de ces collines et de ces
bois, dans la vallée.

Portant en son cœur la mort qu'elle a reçue de lui, prosternée
dans de ferventes prières, jour et nuit elle implore son salut :
éternelle puissance d'un saint amour !

Elle attend que les pèlerins reviennent de Rome ; déjà les

feuilles tombent, leur retour ne tardera pas; reviendra-t-il avec les pardonnés?

C'est la demande, c'est le vœu ardent qu'elle adresse au ciel. Faites, ô saints, qu'il soit exaucé! Si la blessure doit rester toujours ouverte, du moins qu'elle soit adoucie!

(Il va continuer à descendre; quand il entend dans le lointain le chant des pèlerins les plus âgés qui approchent, il s'arrête de nouveau.)

ÉLISABETH se lève, prêtant l'oreille au chant.

Voici leur chant, ce sont eux, ils reviennent! O saints, enseignez-moi mon œuvre, que je l'accomplisse avec dignité!

WOLFRAM, pendant que le chant approche lentement.

Ce sont les pèlerins, c'est la pieuse mélodie qui annonce le salut et le pardon obtenus. O ciel, fortifie son cœur maintenant, cette heure va décider de sa vie!

CHANT DES VIEUX PÈLERINS.

(On les entend d'abord approcher de loin en chantant, puis ils atteignent le devant de la scène à droite, cheminent le long de la vallée vers la Wartburg, et disparaissent derrière la partie de la montagne qui avance au fond.)

O bonheur! je puis enfin te contempler, ô mon pays! je puis saluer avec joie tes aimables campagnes! Je laisse maintenant reposer le bâton du voyageur, car j'ai achevé, fidèle à Dieu, mon pèlerinage. Par la pénitence je me suis réconcilié avec le Seigneur, que mon cœur adore, qui a béni, couronné mon repentir; avec le Seigneur, dont ma voix chante les louanges. Le remède de la grâce est accordé au pénitent, il partagera un jour la paix des bienheureux! L'enfer et la mort le laissent sans crainte, c'est pourquoi je célébrerai le Seigneur dans tous mes jours. Alleluïa dans l'éternité! alleluïa dans l'éternité!

De la hauteur où elle se trouve, Élisabeth a cherché avec une extrême agitation Tannhæuser dans la procession des pèlerins.—Le chant va se perdant par degrés.—Le soleil disparaît.)

ÉLISABETH, dans une attitude douloureuse mais tranquille.

Il ne revient pas !

(Elle s'agenouille d'un air solennel.)

Vierge toute-puissante, entends ma voix suppliante! C'est toi que j'invoque, Vierge bénie! Laisse-moi m'effacer devant toi dans la poussière. Prends, oh! prends-moi de cette terre! Fais qu'avec la pureté d'un ange j'entre dans ton heureux empire.

Si jamais, captif d'un songe insensé, mon cœur s'est détourné de toi ; si jamais un criminel désir , une pensée mondaine a germé en moi, j'ai combattu avec mille souffrances pour la tuer dans mon cœur.

Si pourtant je n'ai pu expier toute faute , que ta grâce me protége , afin qu'avec d'humbles salutations je puisse, Vierge pure, approcher de toi et implorer le plus riche don de ta grâce pour lui seul, pour effacer sa faute.

(Elle reste un instant le visage en extase tourné vers le ciel; puis elle se lève lentement; elle aperçoit Wolfram , qui s'est approché d'elle et l'a observée avec une émotion profonde. Au moment où il semble vouloir lui adresser la parole , elle lui fait signe de ne point parler.)

WOLFRAM.

Élisabeth, me serait-il permis d'accompagner tes pas?

(Élisabeth lui exprime de nouveau, par des gestes, la profonde reconnaissance que lui inspirent son affection et son dévouement; elle lui indique que sa route la mène au ciel, où elle a une grande œuvre à accomplir; qu'il doit, par conséquent, l'y laisser aller seule et sans la suivre. Elle gravit lentement le sentier de la montagne en se dirigeant vers le Wartburg; on l'aperçoit encore longtemps tandis qu'elle s'éloigne.)

SCÈNE II

WOLFRAM.

(Il est resté; il a longtemps suivi des yeux Élisabeth; il s'assied au pied de la colline, prend la harpe, et commence après un prélude.)

Comme un pressentiment de mort, l'ombre du soir couvre la terre, elle enveloppe la vallée comme un manteau de deuil; l'âme que ses désirs emportent vers ces hauteurs, avant de prendre l'essor à travers la nuit et l'horreur, frémit d'angoisse! Alors tu parais, ô la plus aimable des étoiles, tu lances du fond du ciel ta suave lumière; ton doux rayon entr'ouvre l'ombre de la nuit et tu montres amicalement le chemin qui mène hors de la ville. O toi, ma douce étoile du soir, je te salue toujours avec joie. Du fond de ce cœur qui ne la trahit jamais, salue-la, si elle passe près de toi, si tu la vois s'envoler loin de cette vallée terrestre, pour entrer là-haut parmi les anges bienheureux.

SCÈNE III

(La nuit est venue. Tannhæuser paraît; il porte des vêtements de
pèlerin en lambeaux; son visage est pâle et défiguré, il marche
appuyé sur son bâton, d'un pas fatigué et chancelant.)

TANNHÆUSER.

J'ai entendu résonner une harpe; que ses sons étaient tristes !
Non, ces sons ne viennent pas d'elle.

WOLFRAM.

Qui es-tu, pèlerin, qui chemines ainsi solitaire?

TANNHÆUSER.

Qui je suis? Je te connais bien, moi; tu es Wolfram, le
savant chanteur.

WOLFRAM.

Henri! est-ce toi? Qu'est-ce qui t'amène autour de ces murailles? Parle, oses-tu bien, sans être absous, diriger tes pas
vers cette contrée?

TANNHÆUSER.

Ne crains rien, mon bon chanteur ! Je ne cherche ni toi, ni
aucun de tes compagnons. Cependant je cherche un homme qui
m'enseigne le chemin, le chemin que je trouvais avec une facilité
si merveilleuse autrefois.

WOLFRAM.

Quel chemin ?

TANNHÆUSER, avec une sensualité sinistre.

Le chemin de Venusberg !

WOLFRAM.

Horreur ! Ne souille pas mon oreille ! Quelle puissance te pousse de ce côté?

TANNHÆUSER.

Ne connais-tu pas le chemin?

WOLFRAM.

Insensé ! je frissonne d'effroi à t'entendre ! Où as-tu été? Dis, n'es-tu pas allé à Rome?

TANNHÆUSER, avec fureur.

Ne parle pas de Rome !

WOLFRAM.

N'as-tu pas assisté à la solennité sainte?

TANNHÆUSER.

Ne parle pas de cette fête !

WOLFRAM.

Tu n'y es donc pas allé ? Parle, je t'en conjure !

TANNHÆUSER, amèrement.

Oui, moi aussi j'étais à Rome.

WOLFRAM.

Parle donc, infortuné ! Raconte-moi ton voyage. Je me sens
ému pour toi d'une profonde pitié.

TANNHÆUSER.

(Après avoir longtemps considéré Wolfram avec une émotion mêlée
d'étonnement.)

Que dis-tu, Wolfram? quoi! tu n'es pas mon ennemi?

WOLFRAM.

Je ne le fus jamais, tant que je t'ai cru fidèle et pur! Mais,
parle, n'as-tu pas fait ton pèlerinage à Rome?

TANNHÆUSER.

Je l'ai fait ! Écoute donc, Wolfram, tu vas tout savoir.

(Il s'assied épuisé au pied de la colline. Wolfram veut s'asseoir à
côté de lui.)

Reste loin de moi ! La place où je me repose est maudite.
Écoute, Wolfram, écoute moi !

(Wolfram reste debout à quelque distance de Tannhæuser.)

D'un cœur plus fervent que ne le fut jamais celui d'aucun
pénitent, j'ai cherché le chemin de Rome. Un ange avait, hélas !
déraciné de ce cœur présomptueux l'orgueil du crime ! Je voulais l'expier, cet orgueil, dans l'humilité, implorer le salut qui
m'était refusé, pour adoucir à cet ange l'amertume des larmes
qu'il versait naguère pour moi, pécheur ! Le chemin que prenait
à côté de moi le plus contrit des pèlerins, ce chemin me parais-

sait trop aisé : quand il foulait le doux gazon des prairies, j
cherchais, pour y poser mon pied nu, les pierres et les ronces
quand il désaltérait ses lèvres à la source, je ne buvais qu'au
flots ardents du soleil ; quand il adressait pieusement au cie
ses prières, moi je versais mon sang à la gloire du Très-Haut
tandis que l'hospice abritait les voyageurs, j'étendais mes mem
bres sur la neige et la glace : l'œil fermé au spectacle de se
merveilles, j'ai parcouru comme un aveugle les plaines char
mantes de l'Italie ; je l'ai fait, car je voulais, contrit et brisé
m'anéantir par la pénitence pour adoucir les larmes de mon bo
ange ! J'arrivai à Rome près du Saint-Siége ; je me prosterna
en prière au seuil du sanctuaire ; le jour se leva : les cloche
retentirent, des chants célestes résonnèrent jusqu'ici-bas ; l
monde, dans la ferveur de sa joie, bondit d'allégresse, car l
grâce et le salut étaient promis à la foule. Je le vis, celui par qu
Dieu se proclame ; tous les fidèles se courbèrent devant lui dar
la poussière ; je le vis donner à des milliers de pécheurs leu
pardon, commander à des milliers de se relever absous et joyeux
Puis je m'approchai ; la tête inclinée jusqu'à terre, je m'accusa
en frappant ma poitrine, des criminelles voluptés qui avaien
séduit mes sens, du désir que nulle mortification n'avait enco
apaisé ; je l'implorai, je lui demandai de me délivrer de ces lier
brûlants, percé jusqu'à l'âme d'une douleur poignante ; et cel
que j'invoquais ainsi me dit Si tu as partagé ces volupté
criminelles, si tu as enflammé ton cœur au feu de l'enfer, si t
es resté au Venusberg, c'en est fait, tu es damné pour jamai
De même que cette crosse dans ma main ne se parera plu
d'une fraîche verdure, ainsi jamais tu ne verras dans la fournai
infernale refleurir pour toi la délivrance. A ces mots, je tomb
sur le sol, anéanti, privé de pensée et de sentiment. Lorsque

me réveillai, la nuit couvrait la place déserte. De loin arrivaient
jusqu'à moi des chants joyeux d'actions de grâces : ces chants
sacrés me remplirent d'horreur : fuyant cet hymne menteur de
la promesse, qui pénétrait dans mon âme avec le froid de la
glace, je m'éloignai plein de délire et d'épouvante. Je me sentis
entraîné là où j'avais goûté sur son sein brûlant tant de délices
et de voluptés ! C'est vers toi, douce Vénus, que je reviens ;
c'est l'enchantement de tes nuits charmantes qui m'attire ici,
c'est ta cour ; où ta beauté me sourit maintenant pour l'é-
ternité !

WOLFRAM.

Arrête ! arrête ! infortuné !

TANNHÆUSER.

Ne permets pas que je te cherche en vain. Oh ! comme je te
trouvais facilement autrefois ! Tu entends, les hommes me
maudissent ; guide maintenant mes pas, douce déesse !

WOLFRAM.

Insensé ! qui donc invoques-tu ?

(Une nuée légère enveloppe la scène par degrés.)

TANNHÆUSER

Ah ! ne sens-tu pas des souffles plus doux ?

WOLFRAM.

Suis-moi ! Tu es perdu !

TANNHÆUSER.

Ne respire-tu pas de délicieux parfums ? N'entends-tu pas des
accents joyeux ?

WOLFRAM.

L'horreur et l'égarement me font frémir le cœur !

TANNHÆUSER.

Voici le chœur des nymphes qui dansent ! courons aux plaisirs, aux voluptés !

(A travers la nuée transparente commence à briller une lueur rose ; on aperçoit dans les vapeurs les mouvements confus des nymphes qui dansent.)

WOLFRAM.

Malheur ! un enchantement funeste se déploie. Je vois accourir l'enfer et ses fureurs.

TANNHÆUSER.

L'ivresse pénètre tous mes sens, je reconnais cette douce lueur ; c'est l'empire enchanté de l'amour, nous sommes entrés dans le Venusberg !

(Dans la clarté d'une lumière rose on aperçoit Vénus qui repose sur un lit.)

VÉNUS.

Sois le bienvenu, mortel infidèle ! Le monde t'a donc frappé d'anathème ? Et maintenant que tu ne trouves plus de pitié nulle part, tu viens chercher l'amour dans mes bras ?

TANNHÆUSER.

Dame Vénus, souveraine riche de pitié, c'est près de toi, près de toi que je suis entraîné !

WOLFRAM.

Charme d'enfer, disparais, disparais! N'égare pas le cœur d'un mortel pur!

VÉNUS.

Puisque tu reparais sur mon seuil, que ta présomption te soit pardonnée; la source-des plaisirs coule à jamais pour toi, et tu ne me quitteras plus de l'éternité.

TANNHÆUSER.

C'en est fait, c'en est fait de mon salut; à moi maintenant les joies de l'enfer.

WOLFRAM, le retenant avec force.

Tout-Puissant, assiste ton serviteur! Henri, un seul mot! il va t'affranchir, ton salut!

VÉNUS.

Viens à moi!

TANNHÆUSER, à Wolfram.

Laisse-moi aller!

VÉNUS.

Oh! viens! sois à moi maintenant pour toujours!

WOLFRAM.

Henri, ô pécheur, tu peux encore attendre le salut!

TANNHÆUSER.

Jamais, Wolfram, jamais! il faut la suivre!

WOLFRAM.

Un ange a prié pour toi sur la terre, bientôt il va planer au-dessus de toi en te bénissant, Élisabeth!

(Tannhæuser, qui vient de s'arracher aux mains de Wolfram, reste comme frappé de la foudre et paralysé, à la même place.)

CHANT D'HOMMES, venant du fond.

Paix et salut à l'âme qui vient de fuir le corps de la pieuse martyre.

WOLFRAM, aussitôt que le chant s'est fait entendre.

Ton ange prie pour toi au pied du trône de Dieu, il est exaucé! Henri, tu es sauvé!

VÉNUS.

Malheur! perdu pour moi!

(Elle disparaît, et avec elle toute la scène enchantée. La vallée reparaît, illuminée par les rayons de l'aurore; de la Wartburg, un cortége accompagne un cercueil ouvert.)

CHANT D'HOMMES.

Elle a reçu la félicité, partage des anges, la sublime couronne des joies célestes.

WOLFRAM, tenant Tannhæuser doucement enlacé dans ses bras.
Entends-tu ce chant ?

TANNHÆUSER.
Je l'entends !

(En ce moment le cortége s'avance au fond de la vallée; les vieux pèlerins précèdent le brancard sur lequel le corps d'Élisabeth est porté par des nobles en costume de chasse; le landgrave et les chanteurs marchent à côté ; des comtes et des nobles suivent.)

CHANT D'HOMMES.

Heureuse la vierge pure qui, réunie à la troupe céleste, est

en présence de l'Éternel ! Heureux le pécheur pour qui elle a
pleuré, pour qui elle implore la grâce du Ciel !

(Sur un signe de Wolfram, le cercueil est déposé au milieu de la scène.
Wolfram conduit Tannhæuser près du cadavre ; Tannhæuser tombe
à côté.)

TANNHÆUSER.

Sainte Élisabeth, prie pour moi !

(Il meurt.)

LES JEUNES PÈLERINS, portant la crosse reverdie et couverte de
feuilles, passent sur le bord de la montagne qui avance.

Salut, salut aux merveilles de la grâce, salut! La rédemption
est devenue le partage du monde ! Dans l'heure sainte de la nuit,
le Seigneur s'est révélé par un miracle : le bâton desséché, dans
la main du prêtre, s'est paré d'une fraîche verdure. Ainsi, dans
l'embrasement de l'enfer, doit refleurir pour le pécheur la délivrance ! Criez-le dans toutes les régions, pour avertir celui à
qui ce miracle a assuré sa grâce ! Dieu est au-dessus de tout
l'univers et sa miséricorde n'est pas une dérision ! *Alleluïa!*
Alleluïa! Alleluïa!

TOUS, avec un saisissement profond.

Le pécheur a reçu le salut de la grâce, il entre maintenant
dans la paix du bienheureux !

FIN DE TANNHÆUSER

LOHENGRIN

OPÉRA EN TROIS ACTES

PERSONNAGES

—

HENRI L'OISELEUR, roi d'Allemagne.

LOHENGRIN.

ELSA DE BRABANT.

LE DUC GODEFROID, son frère.

FRÉDÉRIC DE TELRAMUND, comte de Brabant.

ORTRUDE, sa femme.

LE HÉRAUT D'ARMES DU ROI.

Comtes et nobles de Saxe et de Thuringe. — Comtes et nobles de Brabant. — Nobles dames. — Pages. — Hommes, femmes, valets.

———

La scène se passe à Anvers, dans la première moitié du dixième siècle.

LOHENGRIN

ACTE PREMIER

(Une prairie sur les rives de l'Escaut, près d'Anvers : le fleuve fait un
détour au fond, de sorte qu'il est en partie dérobé aux yeux par
quelques arbres, et ne reparaît qu'à une assez grande distance. —
Sur le devant de la scène, le roi Henri est assis sous un grand
chêne centenaire; debout, à côté de lui, des comtes de Saxe et de
Thuringe, des nobles et des écuyers qui forment le ban du roi. En
face les comtes, les nobles, les écuyers et le peuple de Brabant,
ayant à leur tête Frédéric de Telramund, près duquel est Ortrude.
Des hommes et des valets remplissent l'espace au fond. — Le milieu
forme un cercle libre. Les hérauts d'armes du roi et quatre trompettes s'avancent au milieu. — Les trompettes sonnent l'appel du
roi.)

SCÈNE PREMIÈRE

LE HÉRAUT D'ARMES.

Écoutez, comtes, nobles, hommes libres de Brabant! Henri,
roi des Allemands, est venu pour traiter avec vous, selon le
droit de l'Empire. Promettez-vous paix et obéissance à ses ordres?

LES BRABANÇONS.

Nous promettons paix et obéissance à ses ordres. Sois le bien-venu, roi, le bienvenu en Brabant!

LE ROI HENRI, se lève.

Dieu vous salue, mes amés et féaux de Brabant! Ce n'est pas sans raison que je suis venu vers vous ; apprenez de moi la détresse de l'Empire. Vous dirai-je d'abord les insultes que la terre allemande a subies tant de fois du côté de l'Orient? Sur la frontière la plus éloignée, vous avez fait faire par vos femmes et vos enfants cette prière : Que Dieu nous protége contre la fureur des Hongrois. Cependant j'ai dû, chef de l'Empire, songer à mettre un terme à cette désolation, à cette honte ; pour prix de nos combats, j'ai obtenu une paix de neuf ans, je l'ai employée à la défense de l'Empire, j'ai fortifié les villes, fait élever des burgs, exercé mon arrière-ban à la résistance. La neuvième année est maintenant à sa fin, le tribut est refusé, — l'ennemi s'arme et menace en fureur. Il est temps à cette heure de sauver l'honneur de l'Empire ; à l'orient ou à l'oc-cident, c'est le même intérêt pour tous. Que tout ce qui s'appelle terre allemande, lève des combattants, et personne alors n'insultera plus l'Empire allemand,

LES SAXONS et LES THURINGIENS, frappant sur leurs armes.

Debout, avec l'aide de Dieu, pour l'honneur de l'Empire alle-mand.

LE ROI, après s'être assis de nouveau.

Maintenant, gens de Brabant, à l'heure où je viens vous no-tifier de me faire un cortége armé jusqu'à Mayence, quelle n'est

pas ma douleur et mon regret de vous voir vivre sans prince, en
discorde! Votre confusion, vos luttes effrénées me sont dénon-
cées, — c'est pourquoi je t'interroge, toi, Frédéric de Telramund :
je te connais comme la fleur de toute vertu, parle donc, que je
sache la cause du désordre.

FRÉDÉRIC.

Merci à toi d'être venu, ô roi, nous rendre la justice! Je vais
proclamer la vérité, l'infidélité m'est étrangère.—Le duc de Brabant vint à mourir, et il recommanda à ma protection ses enfants, Elsa, sa fille, et Godefroid, son fils; je pris un soin dévoué de la grande jeunesse du fils; sa vie était le joyau de
mon honneur. Mesure maintenant, ô roi, la grandeur inouïe de
ma douleur, quand le joyau de mon honneur me fut ravi! Un
jour Elsa conduisit l'enfant à une promenade dans la forêt, mais
elle revint sans lui; avec une feinte sollicitude, elle demanda
son frère, car s'étant écartée de lui par hasard, elle n'avait plus,
disait-elle, retrouvé sa trace. Toutes mes peines pour découvrir
l'enfant perdu restèrent sans fruit; puis quand je pressai Elsa
de menaces, pâle, effrayée et tremblante, elle nous laissa deviner l'aveu d'un crime affreux. Je fus saisi d'horreur pour la
jeune fille; dès lors je renonçai de ma pleine volonté au droit
que m'avait donné son frère à sa main, je pris une femme qui
plaisait à mon cœur, Ortrude, fille de Radbod, le prince des Fri-
sons.

(Ortrude s'incline devant le roi.)

J'élève maintenant une plainte contre Elsa de Brabant; je
l'accuse du meurtre de son frère. Mais je réclame pour moi cette
terre avec justice, car je suis le plus proche héritier du sang du

duc, et ma femme est de la race qui donna jadis aussi des princes à ce pays. Tu entends la plainte, ô roi! prononce une juste sentence.

TOUS LES HOMMES, avec horreur et solennité.

Telramund accuse d'un crime bien grand! J'entends la plainte avec horreur.

LE ROI.

Tu prononces une imputation terrible! Comment un tel crime serait-il possible?

FRÉDÉRIC.

Seigneur, la jeune fille est vaine, exaltée, elle a repoussé ma main avec hauteur. C'est pourquoi je l'accuse d'un amour secret : elle se flattait bien que, débarrassée de son frère, elle pourrait alors, comme souveraine du Brabant, refuser avec raison sa main à son vassal, et favoriser ouvertement son amant secret.

LE ROI.

Appelez ici l'accusée! Le jugement va commencer sur l'heure! Dieu me fasse part de l'esprit de sagesse!

(Il suspend avec solennité son écu au chêne. Les Saxons et les Thuringiens plantent en terre devant eux leurs épées nues; les Brabançons couchent leurs armes à leurs pieds.)

LE HÉRAUT D'ARMES, avançant dans le milieu.

La justice va-t-elle être rendue ici selon le droit et la puissance?

LE ROI.

Ce bouclier ne couvrira pas ma poitrine jusqu'à ce que j'aie jugé avec rigueur et clémence!

TOUS LES HOMMES.

Que l'épée ne rentre pas au fourreau jusqu'à ce qu'une sentence ait fait justice ici!

LE HÉRAUT D'ARMES.

Là où vous voyez l'écu du roi, assistez à la sentence qui va faire justice! C'est pourquoi j'appelle, à voix haute et claire, l'accusée : qu'Elsa paraisse ici sur-le-champ.

SCÈNE II

(Elsa s'avance dans un vêtement blanc, très-simple; un long cortége de femmes, habillées aussi de blanc et avec simplicité, la suit. Les femmes s'arrêtent au fond sans entrer dans le cercle, tandis qu'Elsa marche à pas lents et d'un air plein de pudeur jusqu'au milieu de la scène.)

LES HOMMES.

Regardez! Elle approche, celle contre qui se dresse l'affreuse accusation! Que sa personne paraît innocente et pure! Pour oser l'accuser d'un si grand crime, il faut, certes, être bien sûr qu'elle est coupable.

LE ROI.

Est-ce toi qui es Elsa de Brabant ?

(Elsa fait un signe d'affirmation.)

Me reconnais-tu pour ton juge?

(Elsa regarde le roi en face, puis répond par le même signe.)

Écoute maintenant ma question : Connais-tu la plainte redoutable portée contre toi?

(Elsa regarde Frédéric, frémit, tourne la tête timidement, et répond
encore d'un air triste par un mouvement affirmatif.)

Qu'opposes-tu à l'accusation?

(Elsa exprime par un geste qu'elle n'a rien à opposer.)

Ainsi, tu confesses ton crime?

ELSA, après un long silence, regardant vaguement à l'horizon.

Mon pauvre frère !

TOUS LES HOMMES, chuchotant.

Quelles réponses étranges! conduite incompréhensible!

LE ROI.

Parle, Elsa! qu'as-tu à me confier?

(Long silence.)

ELSA, regardant au loin comme dans une extase tranquille.

Solitaire dans de sombres jours, j'invoquais Dieu, suppliante;

je répandais en prières les profondes amertumes de mon cœur.
Alors de mes lamentations s'éleva un son plaintif, dont les puissants échos s'enflèrent au loin dans les airs ; je les entendis retentir et s'éloigner, ils arrivaient à peine à mon oreille. Mes yeux
s'étaient fermés, je tombai dans un doux sommeil.

TOUS LES HOMMES, à demi-voix.

Paroles étranges ! Rêve-t-elle? est-elle en délire?

LE ROI.

Défends-toi maintenant devant tes juges !

ELSA, toujours dans sa précédente attitude.

Dans l'éclat d'une armure étincelante, un chevalier approcha
de moi. Jamais je n'en ai vu encore briller d'une aussi pure
vertu. Une trompe d'or suspendue à ses reins, appuyé sur son
épée, je voyais du fond des airs venir le vaillant héros. D'un air
respectueux il m'adressa une consolation. C'est sur ce chevalier
que je me repose, il sera mon défenseur !

LE ROI et TOUS LES HOMMES.

Fasse la faveur du ciel que nous voyions sans nuage qui est
coupable ici !

LE ROI.

Frédéric, loyal guerrier, songes-tu bien qui tu accuses?

FRÉDÉRIC.

Le délire de sa pensée ne m'aveugle pas ; vous l'entendez, sa rêverie parle d'un amant ! Si je l'accuse, mon accusation repose sur un fondement assuré ; j'ai de son forfait des preuves qui ont forcé créance. Mais écarter vos doutes par un témoignage, cela vraiment siérait mal à ma fierté ! Me voici moi-même pour garant, voici mon épée ! Qui de vous ose combattre contre moi ? Je mets mon honneur pour enjeu.

LES NOBLES DE BRABANT.

Personne de nous ! nous ne combattrons que pour toi.

FRÉDÉRIC.

Et toi, roi, as-tu oublié mes services, ma valeur contre les féroces Danois?

LE ROI.

Il serait triste que tu fusses obligé de me les rappeler ! Je t'accorde de grand cœur le plus glorieux prix de la vaillance; il n'est pas de bras que j'aimasse mieux que le tien pour protéger ce pays. Dieu seul, maintenant, peut prononcer dans cette cause.

TOUS LES HOMMES.

Au jugement de Dieu ! au jugement de Dieu ! allons !

LE ROI.

(Il tire son épée, et la plante en terre devant lui avec solennité.)

Réponds-moi, Frédéric, comte de Telramund ! veux-tu soutenir ton accusation au jugement de Dieu, par un combat à la vie et à la mort?

FRÉDÉRIC.

Oui !

LE ROI.

Et toi, réponds à ton tour, Elsa de Brabant ! Veux-tu qu'un combattant combatte ici pour toi à la vie et à la mort, au jugement de Dieu?

ELSA.

Oui !

LE ROI.

Qui choisis-tu pour combattant?

FRÉDÉRIC, avec vivacité.

Écoutez maintenant le nom de son amant !

LES NOBLES DE BRABANT.

Prêtez l'oreille !

ELSA.

C'est sur ce chevalier que je me repose... il sera mon défenseur ! Écoutez, voici quel gage j'offre à l'envoyé de Dieu. Dans les terres de mon père qu'il porte la couronne; je m'estimerai heureuse, s'il veut recevoir mon bien; s'il veut m'appeler son épouse, je lui donne ce que je suis !

LES HOMMES.

Une haute récompense, fût-ce dans la main de Dieu! qui voudra la disputer, devra risquer aussi un précieux gage.

LE ROI.

Voici déjà le soleil parvenu à son midi ; il est temps à cette heure de proclamer l'appel.

(Le héraut d'armes s'avance avec les quatre trompettes ; il les tourne vers les quatre côtés du ciel et les fait avancer jusqu'aux extrémités du cercle formé par le tribunal ; dans cette position, ils sonnent l'appel.)

LE HÉRAUT D'ARMES.

Si quelqu'un est venu ici pour soutenir en champ clos, au jugement de Dieu, Elsa de Brabant, qu'il s'avance !

(Long silence.)

TOUS LES HOMMES.

L'appel s'éteint sans réponse ; je vois sa cause en péril.

FRÉDÉRIC, montrant Elsa qui commence à se troubler.

La voyez-vous ? l'ai-je accusée faussement ? le droit reste pour moi.

ELSA, approchant du roi.

Mon roi bien-aimé, accueille ma prière. Fais faire encore un appel à mon chevalier ! il est loin d'ici et ne l'a pas entendu !

LE ROI, au héraut d'armes.

Appelle encore une fois au jugement !

(Les trompettes sonnent encore une fois comme précédemment; le héraut d'armes répète l'appel. — De nouveau un long silence plein d'attente.)

TOUS LES HOMMES.

Ce silence sombre est l'arrêt de Dieu.

ELSA, tombant à genoux.

Tu lui as porté ma plainte, c'est sur ton ordre qu'il s'est montré à moi; ô Seigneur, dis maintenant à mon chevalier qu'il me secoure dans ma détresse! Fais-le-moi voir, comme je l'ai vu; comme je l'ai vu, fais qu'il soit là!

(Ceux qui se trouvent le plus près du rivage, au-dessus d'une éminence, aperçoivent une nacelle dans le lointain sur le fleuve; elle approche peu à peu, tirée par un cygne; un chevalier est debout dans la nacelle)

LES HOMMES.

Quelques-uns d'abord, puis leur nombre s'accroît peu à peu parmi ceux qui se trouvent le plus près de la rive ou s'en approchent successivement.)

Voyez-vous! voyez-vous! l'étrange prodige! c'est un cygne, un cygne qui tire une nacelle là-bas! — Un chevalier est debout dans la nacelle; — de quel éclat reluit son armure! L'œil est ébloui de cette lumière! Voyez-vous! il approche! Le cygne est attaché à une chaîne d'or!

(L'intérêt est devenu de plus en plus général; tous ont abandonné le devant de la scène et se sont précipités sur la rive. Le roi, qui con-

temple l'apparition de la place élevée qu'il occupe ; Frédéric, qui
écoute avec étonnement ; Ortrude, tournée vers le fond et agitée
par une colère sombre, restent seuls sur le devant de la scène ; de
plus, Elsa, qui prête l'oreille aux cris du peuple avec l'attention la
plus profonde et une expression de joie, semble sous l'empire d'un
charme et paraît ne pas oser porter ses regards derrière elle.

SCÈNE III

(Pendant les paroles qui suivent, le cygne et la nacelle atteignent la rive ;
Lohengrin est débout, revêtu d'une armure d'argent, le casque en tête,
le bouclier sur l'épaule, une petite trompe d'or au côté, appuyé sur
son épée.)

TOUS LES HOMMES ET LES FEMMES, se tournant avec une violente
explosion de surprise vers le devant de la scène.

Un miracle ! un miracle ! Il est arrivé un miracle, un miracle inouï, que les hommes ne virent jamais ! Salut, salut à toi,
héros envoyé de Dieu !

(Elsa s'est retournée et, à la vue de Lohengrin, elle perce l'air d'un cri
d'enthousiasme. Frédéric regarde Lohengrin en silence. Ortrude,
qui, pendant tout le jugement, a gardé une attitude froide et hautaine, tombe, à l'aspect de Lohengrin et du cygne, dans un effroi
mortel, et pendant le reste de la scène attache des yeux fixes et hagards sur l'inconnu. Lorsque Lohengrin s'apprête à quitter la nacelle,
à la bruyante allégresse du peuple succède tout à coup un silence
plein de la plus vive attente.)

LOHENGRIN, ayant encore un pied dans la nacelle, s'incline devant
le cygne.

Maintenant, mon cygne aimé, grâce te soit rendue ! Retourne
à travers l'onde lointaine, aux lieux d'où m'a apporté ta nacelle, ne reviens que pour notre bonheur ! Que pour cela ton
service soit accompli fidèlement ! Adieu, adieu, cygne chéri !

(Le cygne tourne la nacelle et remonte le fleuve ; Lohengrin le suit pendant un instant d'un œil mélancolique.)

LES HOMMES et LES FEMMES, émus et chuchotant doucement.

Nous ressentons un heureux et doux saisissement ! Quelle
puissance bienfaisante nous tient sous son charme ! — Qu'il
est beau, qu'il est majestueux à voir celui qu'un tel prodige a
amené sur la rive !

LOHENGRIN.

(Il s'est avancé d'un pas lent et solennel vers le devant de la scène, et
s'incline devant le roi.)

Salut, roi Henri ! Puisse Dieu assister ton épée de ses béné-
dictions ! Ton nom, glorieux et grand, ne périra jamais sur la
terre !

LE ROI.

Merci ! Si je reconnais bien la puissance qui t'a conduit sur
cette terre, tu viens à nous par l'ordre de Dieu ?

LOHENGRIN, s'avançant davantage au milieu.

C'est pour combattre en faveur d'une jeune fille, sur qui pèse une accusation terrible, que je suis envoyé ; permets que je voie maintenant si sa confiance répond à la mienne. — Parle donc, Elsa de Brabant. Si je te suis choisi pour combattant, veux-tu te fier, sans craindre et sans frémir, à ma défense ?

ELSA.

(Restée sans mouvement, depuis qu'elle a aperçu Lohengrin, comme sous l'empire d'un charme enchanteur, les yeux attachés sur lui ; elle semble se réveiller à sa parole, et tombe à ses pieds, subjuguée par un sentiment délicieux.)

Mon héros ! mon sauveur ! emmène-moi ! je te donne tout ce que je suis !

LOHENGRIN.

Si je remporte pour toi la victoire, veux-tu que je sois ton époux ?

ELSA.

Regarde, me voici à tes pieds : je m'abandonne à toi, mon corps et mon âme t'appartiennent.

LOHENGRIN.

Elsa, si tu veux que je m'appelle ton époux, que je défende ta terre et tes sujets, et que rien ne me sépare plus de toi, il faut que tu me fasses une promesse : Jamais tu ne m'interrogeras, jamais tu ne chercheras à savoir, ni de quelles contrées j'arrive, ni quel est mon nom et quelle est ma nature.

ELSA.

Jamais, seigneur, tu n'entendras de moi cette question.

LOHENGRIN.

Elsa, as-tu bien compris mes paroles ? Jamais tu ne m'interrogeras, jamais tu ne chercheras à savoir ni de quelles contrées
j'arrive, ni quel est mon nom et quelle est ma nature.

ELSA, levant vers lui un regard plein d'un sentiment profond.

Mon bouclier ! mon ange ! mon sauveur ! toi qui crois ferme-
ment à mon innocence, pourrait-il y avoir un doute plus criminel
que de n'avoir pas foi en toi ! Comme tu me défends dans ma
détresse, de même je garderai fidèlement la loi que tu m'im-
poses.

LOHENGRIN, ému, ravi, fait lever Elsa et la presse contre
son cœur.

Elsa, je t'aime !

LE ROI, LES HOMMES et LES FEMMES.

Quelles charmantes merveilles offertes à mes yeux ! Est-ce un
enchantement qui m'est dévoilé ? Je sens fondre mon cœur, quand
j'envisage cet homme céleste.

LOHENGRIN, après avoir remis Elsa à la garde du roi, s'avance
avec solennité au milieu de la scène.

Écoutez, maintenant ! peuple et nobles, je le proclame : Elsa
de Brabant est innocente de tout crime. Tu l'accuses faussement, comte de Telramund, tu en seras convaincu par le jugement de Dieu.

LES NOBLES DE BRABANT.

(Quelques-uns d'abord, dont le nombre augmente par degrés, s'adressant
à demi-voix à Frédéric.)

Refuse le combat ! si tu l'oses affronter, tu ne peux qu'être vaincu ! S'il est protégé par une puissance supérieure, dis, à quoi te servira ta vaillante épée ? Refuse ! prête l'oreille à notre conseil fidèle ! la défaite, le repentir amer t'attendent !

FRÉDÉRIC, qui a jusqu'à ce moment attaché sur Lohengrin un regard fixe et scrutateur, laisse voir un violent combat intérieur, dont l'incertitude cède enfin à la résolution.

Plutôt la mort que la lâcheté ! Quel que soit l'enchantement qui t'a amené ici, étranger aux airs si hardis, tes orgueilleuses menaces ne m'atteindront pas, car jamais ma bouche n'a menti. C'est pourquoi j'accepte le combat avec toi, et, sur mon bon droit, j'espère la victoire.

LOHENGRIN.

Maintenant, roi, ordonne le combat.

LE ROI.

Que trois témoins avancent pour chaque combattant, et qu'ils mesurent, comme il convient, le champ de combat.

(Trois nobles Saxons se présentent pour Lohengrin, trois Brabançons pour Frédéric ; ils mesurent d'un pas solennel le champ du combat, et en marquent la limite avec leurs lances.)

LE HÉRAUT D'ARMES, s'adressant du milieu de la scène à l'assemblée.

Écoutez maintenant, et prêtez attention : Nul ne doit ici troubler le combat ! Demeurez en dehors de la limite, car si quelqu'un ne garde pas l'ordre prescrit, il le payera : l'homme libre, de sa main ; le serf, de sa tête.

TOUS LES HOMMES.

Il le payera : l'homme libre, de sa main ; le serf, de sa tête.

LE HÉRAUT D'ARMES, à Lohengrin et à Frédéric.

Écoutez aussi, vous qui combattez devant ce tribunal : Observez fidèlement les lois du combat ! Que nul charme imposteur, nulle ruse, nulle perfidie n'altère l'équité du jugement ! Dieu vous jugera selon la justice et la loi, confiez-vous donc à lui, non à votre force.

LE ROI, qui s'est avancé solennellement au milieu de la scène.

Mon Seigneur et mon Dieu, je t'invoque maintenant : sois présent au combat ! prononce par la victoire du glaive un jugement qui dévoile à la lumière mensonge et vérité.

LE ROI, chantant avec Elsa, Lohengrin, Frédéric, Ortrude et tous les hommes.

Au bras de l'homme pur donne la force du héros ! que la force de l'homme faux soit énervée ! Viens nous assister, ô Dieu, à cette heure, car notre sagesse n'est qu'ignorance !

ELSA et LOHENGRIN, chantant avec le roi, Frédéric, Ortrude et tous les hommes.

Tu vas prononcer maintenant ton infaillible arrêt, mon Seigneur et mon Dieu, c'est pourquoi je suis sans crainte.

FRÉDÉRIC, chantant avec le roi, Elsa, Lohengrin, Ortrude et tous les hommes.

Je m'avance loyalement devant ton tribunal ; Seigneur Dieu, ne délaisse pas mon honneur !

ORTRUDE, chantant avec le roi, Elsa, Lohengrin, Frédéric
et tous les hommes.

J'ai une ferme confiance en sa force, qui, dans tout combat,
lui assure la victoire.

TOUS LES HOMMES, chantant avec Elsa, Lohengrin, Frédéric
et Ortrude.

Au bras de l'homme pur donne la force du héros! que la force
de l'homme faux soit énervée! Prononce ainsi ton infaillible
arrêt, Seigneur et Dieu, ne le fais pas attendre!

(Sur le signal du héraut d'armes, les trompettes sonnent un long appel
au combat. Le roi tire son épée de terre, et s'en sert pour frapper
trois coups sur son bouclier suspendu au chêne. Au premier coup,
Lohengrin et Frédéric prennent leur position; au second ils tirent
les épées et se mettent en garde; au troisième le combat commence.
Après plusieurs attaques violentes, Lohengrin porte à son adversaire
un coup qui l'étend à terre.)

LOHENGRIN, mettant son épée sur la gorge de Frédéric.

Par la victoire de Dieu, ta vie est à moi maintenant: je te la
donne! Puisse-tu la consacrer au **repentir**!

(Le roi conduit Elsa à Lohengrin; elle tombe avec enthousiasme sur son
sein. A l'instant où Frédéric est tombé, les Saxons et les Thuringiens ont tiré leurs épées de terre, les Brabançons ont relevé les
leurs. Tous les nobles et les hommes envahissent le cercle vide en
éclatant d'allégresse; une foule nombreuse remplit la scène.)

SA, chantant avec Lohengrin, Frédéric, Ortrude, le roi, les hommes
et les femmes.

Oh! si je trouvais des accents de joie qui pussent égaler ta
ire, et, pour te célébrer dignement, contenir les plus sublimes
anges! En toi je dois me perdre, devant-toi m'anéantir!
n que je me voie heureuse, accepte tout ce que je suis!

LOHENGRIN, chantant avec Elsa, Frédéric, Ortrude, le roi, les
hommes et les femmes.

J'ai remporté la victoire, par ton innocence toute seule!
intenant ce que tu as souffert va recevoir une riche répa-
ion!

ÉDÉRIC, se tordant douloureusement sur le sol, chantant avec
Elsa, Lohengrin, Ortrude, le roi, les hommes et les femmes.

Malheur! c'est Dieu qui m'a frappé, c'est lui qui m'a enlevé
victoire! Plus d'espoir de salut pour moi, c'en est fait de mon
nneur, de ma gloire!

TRUDE, qui a vu avec rage tomber Frédéric, chantant avec Elsa,
Lohengrin, Frédéric, le roi, les hommes et les femmes.

Qui est-il, celui qui l'a frappé, celui qui anéantit ma puis-
nce? Devrais-je reculer devant lui, renoncer à toutes mes es-
rances?

ROI, LES HOMMES, LES FEMMES, chantant avec Elsa, Lohengrin, Frédéric, Ortrude.

Retentis, chant de victoire, à la louange du héros! Gloire à ta
site, honneur à ta venue, salut à ta race, défenseur de l'in-

nocence! C'est toi seul que nous célébrons, c'est pour toi que
nos chants résonnent! Jamais un héros tel que toi ne revien-
dra dans ce pays.

(Les Saxons élèvent Lohengrin sur son bouclier, les Brabançons, Elsa
sur celui du roi, après avoir jeté dessus leurs manteaux. Tous deux
sont portés hors de la scène, au milieu des cris d'allégresse.)

FIN DU PREMIER ACTE

ACTE DEUXIÈME

Dans l'intérieur du burg d'Anvers. Au milieu du fond, le *Palas* (demeure des chevaliers), sur le devant de la scène, à gauche la *Kemenate* (demeure des femmes); à droite, sur le même plan, la porte du munster; au fond, du même côté la porte de la tour. — Il fait nuit; les fenêtres du Palas sont brillamment éclairées; on entend retentir joyeusement à l'intérieur des cors et des trompettes. — Sur les degrés de la porte du munster sont assis, couverts de vêtements pauvres et sombres, Frédéric et Ortrude. Ortrude, les bras appuyés sur ses genoux, a les yeux attachés sur les fenêtres illuminées du Palas. Frédéric regarde la terre d'un air sinistre. — Silence long et lugubre.

SCÈNE PREMIÈRE

FRÉDÉRIC, se levant tout à coup.

Debout, compagne de ma honte! Le jour, à son lever, ne doit plus nous voir ici.

ORTRUDE, sans changer d'attitude.

Je ne puis partir; je suis enchaînée ici. Laisse moi sucer aux

splendeurs de cette fête de nos ennemis un poison redoutable et
mortel, qui finisse notre honte et leurs joies !

FRÉDÉRIC, se plaçant devant Ortrude d'un air sombre.

Femme redoutable ! qu'est-ce qui m'enchaîne encore à tes
côtés ? Pourquoi ne pas te laisser seule, ne pas fuir loin, bien
loin d'ici, — en des lieux où ma conscience retrouve le repos ?
Par toi il a fallu perdre mon honneur, ma gloire ; pour moi
désormais plus d'éloges, l'opprobre est mon héroïsme ! Je suis
au ban du monde ; j'ai vu mon épée brisée en éclats ; mon
écusson fracassé, mon foyer paternel maudit ! De quelque côté
que je me tourne, je suis condamné, banni. De peur que mon
regard ne le souille, le brigand même me fuit. Que n'ai-je choisi
la mort au lieu de cet exil et de cette misère ! C'en est fait de
mon honneur ! Mon honneur, mon honneur est perdu !

(En proie au délire de la douleur, il tombe sur le sol. Les cors et les
trompettes retentissent de nouveau dans le palais.)

ORTRUDE.

(Toujours dans la même attitude, après un long silence et sans regarder
Frédéric, qui se relève lentement.)

Qu'est-ce qui te fait t'égarer ainsi dans ces plaintes sau-
vages ?

FRÉDÉRIC.

(Il laisse échapper un mouvement violent contre Ortrude.)

C'est qu'on ne m'ait pas laissé une arme pour te frapper toi-
même !

ORTRUDE, avec une ironie calme.

Comte de Telramund, comte pacifique et bon[1]! Pourquoi n'as-
pas confiance en moi?

FRÉDÉRIC.

Tu le demandes? N'est-ce pas ton témoignage, tes captieuses
roles qui m'ont séduit à accuser l'innocente? N'est-ce pas toi,
dont la demeure est dans la forêt sombre, qui m'as affirmé,
enteuse impudente, que de ton château sauvage tu avais vu
complir le crime? que tu avais vu de tes propres yeux Elsa
yer son frère dans le vivier là-bas! N'as-tu pas pris mon
ur orgueilleux au piége de ta prédiction, en disant que la
ille souche princière de Radbod allait reverdir et régner bien-
t en Brabant? N'est-ce pas toi qui m'as amené à renoncer à la
ain de l'innocente Elsa, et à te prendre pour femme, parce
e tu étais le dernier rejeton de Radbod?

ORTRUDE, à voix basse.

Ah! le mortel supplice que tu me fais endurer. (Tout haut.)
out cela, oui, je te l'ai dit, je te l'ai affirmé.

FRÉDÉRIC.

Et tu m'as fait, moi, dont le nom était entouré de gloire, dont
vie était la vaillance et la vertu même, tu m'as fait l'infâme
omplice de tes mensonges.

---

[1] Par ironie, Ortrude joue ici sur le nom de Frédéric, qui, moyen-
ant l'addition d'une seule lettre (Friedrich — Friedreich), veut dire
che de paix. L'équivoque est intraduisible en français.

ORTRUDE, avec hauteur.

Qui a menti?

FRÉDÉRIC.

Toi! Dieu ne m'a-t-il pas frappé de son arrêt à cause de ce mensonge.

ORTRUDE, avec une effrayante ironie.

Dieu?

FRÉDÉRIC.

Horreur! Comme ce nom résonne affreusement dans ta bouche!

ORTRUDE.

Ah! tu appelles ta lâcheté Dieu?

FRÉDÉRIC.

Ortrude!

ORTRUDE.

Tu me menaces? A moi, une femme, des menaces? Lâche! si tu l'avais menacé ainsi, avec cette fureur, celui qui te précipite dans cette détresse, certes, tu aurais remporté la victoire au lieu de la honte! Ah! qui saurait l'affronter, le trouverait plus faible qu'un enfant.

FRÉDÉRIC.

Plus il est faible, plus est puissante la force de Dieu, qui combat pour lui.

ORTRUDE.

_a force de Dieu ? ah ! ah ! Un jour, un seul, laisse-moi
·e ici, et je veux le montrer à découvert quel faible Dieu est
ai qui le protége.

FRÉDÉRIC, frissonnant secrètement.

Voyante indomptable ! Veux-tu donc encore par tes secrets
ifices égarer mon esprit ?

ORTRUDE, montrant le _Palas,_ où règne maintenant l'obscurité.

Gorgés de plaisirs, ils sont allés chercher sur leurs lits un
os voluptueux. Viens à côté de moi ! Voici l'heure, où vont
·e mes yeux de voyante.

édéric s'approche alors de plus en plus d'Ortrude, comme s'il obéis-
sait à un attrait étrange, et abaisse son oreille jusqu'à elle.)

ORTRUDE.

Sais-tu qui est ce héros qu'un cygne a conduit ici sur la
e ?

FRÉDÉRIC.

Non !

ORTRUDE.

Que donnerais-tu donc pour le savoir, si je te disais qu'une
s forcé à dire son nom et sa race, il perd aussitôt toute la puis-
nce que lui prête par force un enchantement ?

FRÉDÉRIC.

Ah ! je comprends maintenant sa défense !

ORTRUDE.

Écoute encore! Personne ici n'a la puissance de lui arracher son secret, hormis celle à qui il a si rigoureusement défendu de lui adresser cette question.

FRÉDÉRIC.

Il faudrait donc amener Elsa à ne pas lui épargner cette question ?

ORTRUDE.

Ah ! que tu me comprends vite et bien !

FRÉDÉRIC.

Mais comment y parvenir ?

ORTRUDE.

Écoute ! Il faut avant tout ne pas fuir d'ici : affile pour cela ton esprit ! Pour éveiller en elle un juste soupçon, présente-toi accuse-le d'avoir, par un charme, trompé le tribunal.

FRÉDÉRIC, avec une fureur croissante.

Ah ! charme, ruse et perfidie !...

ORTRUDE.

Si tu échoues, il reste alors un moyen de violence.

FRÉDÉRIC.

De violence !

ORTRUDE.

Ce n'est pas en vain que je suis profondément exercée dans les arts secrets; écoute donc attentivement ce que je vais te dire ! Tout être qui tient sa force d'un charme, pour peu qu'on lui enlève la plus petite partie de son corps, est condamné à se révéler alors dans toute sa faiblesse.

FRÉDÉRIC.

Ah ! si tu disais vrai !

ORTRUDE.

Si dans le combat tu lui avais fait tomber seulement un doigt, moins encore, une partie d'un doigt, le héros était alors en ta puissance !

FRÉDÉRIC, hors de lui.

Découverte horrible ! Quelles paroles as-tu dites ? Je me croyais frappé par le bras de Dieu, le tribunal s'est donc laissé éblouir par un mensonge, un charme perfide m'a dérobé mon honneur ! Je pourrais donc me venger de mon approbre ? Je pourrais donc témoigner de ma sincérité ? Le mensonge du séducteur, je pourrais donc le rompre et reconquérir mon honneur? O femme, assise là, sous mes yeux, dans la nuit, si tu me trompes encore, alors malheur à toi, malheur !

ORTRUDE.

La fureur t'égare ! sois calme et de sang-froid ! Et je vais t'enseigner les douces voluptés de la veangeance.

(Frédéric s'assied auprès d'Ortrude sur les degrés.)

ORTRUDE et FRÉDÉRIC.

Que l'œuvre de vengeance soit adjurée du fond de la nuit redoutable de mon cœur. Et vous qui dormez votre doux sommeil,
sachez que pour vous le malheur veille.

SCÈNE II

(Elsa, vêtue de blanc, paraît sur le balcon de la Kemenate, et s'appuie sur la balustrade. Frédéric et Ortrude sont encore assis sur
les degrés du munster, Elsa est en face d'eux.)

ELSA.

Airs bienveillants, si souvent remplis de mes tristes plaintes, ma
reconnaissance vous doit l'aveu du bonheur qui se dévoile à moi.
C'est vous qui l'avez conduit ici, vous avez souri à sa traversée ;
sur les vagues furieuses de la mer vous l'avez préservé fidèlement. Pour sécher mes larmes je vous ai souvent importunés ;
répandez maintenant votre fraîcheur sur mes joues que l'amour
enflamme !

ORTRUDE.

C'est elle.

FRÉDÉRIC.

Elsa.

ORTRUDE.

Elle devra maudire cette heure, où mes yeux l'aperçoivent.
Éloigne-toi ! Laisse-moi un instant.

FRÉDÉRIC.

Pourquoi?

ORTRUDE.

Elle m'appartient, que son héros soit à toi !

(Frédéric s'éloigne du côté du fond.)

ORTRUDE, toujours dans la même attitude, d'une voix haute mais plaintive.

Elsa !

ELSA, après un silence.

Qui m'appelle? Quelle voix sinistre et plaintive prononce mon nom dans la nuit?

ORTRUDE.

Elsa ! ma voix t'est-elle donc si étrangère ? Veux-tu renier tout à fait l'infortunée que tu précipites dans les misères d'un exil sans limites ?

ELSA.

Ortrude ! Est-ce toi? que fais-tu ici, malheureuse femme ?

ORTRUDE.

.... Malheureuse femme? oui, tu as raison de m'appeler ainsi ! Dans la solitude profonde de la forêt, où je vivais en paix et en silence, que t'ai-je fait? que t'ai-je fait? Sans joie, ne faisant que pleurer le malheur qui accable depuis si longtemps ma race, que t'ai-je fait? que t'ai-je fait?

12

ELSA.

Au nom de Dieu, pourquoi m'accuses-tu? Est-ce moi qui t'ai jetée dans la douleur?

ORTRUDE.

Quoi ! pourrais-tu donc m'envier vraiment le bonheur d'avoir été choisie pour femme par l'homme que tu avais si hautement dédaigné ?

ELSA.

Dieu tout-puissant ! Est-ce à moi que tu adresses ces paroles ?

ORTRUDE.

Si une erreur déplorable, égarant sa pensée, l'a contraint à t'accuser d'un crime, toi innocente, son cœur est maintenant déchiré par le repentir, il est condamné à une expiation cruelle.

ELSA.

O Dieu de justice!

ORTRUDE.

Tu es heureuse ! après de courtes souffrances, que l'innocence adoucissait, la vie n'a plus pour toi que sourires ; tu peux, dans ta félicité, t'éloigner de moi ; tu m'envoies au loin chercher la mort, de peur qu'un triste reflet de mes chagrins ne revienne jamais attrister tes fêtes.

ELSA.

Quel indigne hommage rendu à ta bonté, Dieu tout-puissant qui me donnes le bonheur, si je repoussais loin de moi le mal-

heur prosterné à mes pieds dans la poussière ! Oh ! jamais !
Ortrude ! Attends-moi ! je vais moi-même t'introduire près de
moi !

(Elle rentre rapidement dans la Kemenate.)

ORTRUDE, s'élançant avec un enthousiasme sauvage des degrés du
munster.

Dieux profanés, prêtez secours maintenant à ma vengeance !
châtiez l'outrage qui vous a été fait ici ! fortifiez-moi dans le
service de votre sainte cause ; anéantissez l'aveugle illusion des
apostats ! Wodan ! je t'invoque, Dieu fort ! Freia, déesse auguste,
entends ma voix ! bénissez en moi le mensonge et l'hypocrisie,
pour que ma vengeance soit heureuse !

(Elsa et deux servantes qui portent des flambeaux sortent par la porte
inférieure de la Kemenate.)

ELSA.

Ortrude, où es-tu ?

ORTRUDE, se jetant humblement à terre devant elle.

Ici, à tes pieds !

ELSA, reculant épouvantée.

Pitié du ciel ! faut-il te voir en cet état, toi que je ne voyais
que rayonnante d'orgueil et de splendeur ! Je sens mon cœur
suffoquer de te voir près de moi abaissée à ce point. Lève-toi !
épargne-moi tes prières ! Si tu m'as poursuivie de ta haine, je
te pardonne ; ce que tu as déjà souffert à cause de moi, je t'en
supplie, pardonne-le-moi à ton tour.

ORTRUDE.

Puisse tant de bonté recevoir sa récompense !

ELSA.

Je supplierai celui qui va s'appeler demain mon époux, je veux implorer aussi de son âme généreuse la grâce de Frédéric.

ORTRUDE.

Tu m'enchaînes des liens de la reconnaissance !

ELSA.

Viens près de moi dès le matin ! parée d'habits magnifiques, tu m'accompagneras au Munster ; là j'attendrai mon héros pour être son épouse devant Dieu.

ORTRUDE.

Comment reconnaître cette faveur magnanime, pauvre femme exilée et impuissante que je suis ! Devrais-je demeurer en grâce près de toi, je ne resterai toujours qu'une mendiante. Je ne possède qu'un seul don, nul ordre souverain ne peut me le ravir ; grâce à ce don, peut-être je protégerai ta vie, je te garantirai de la nécessité du repentir.

ELSA.

Que veux-tu dire ?

ORTRUDE.

Je veux t'avertir de ne pas te confier trop aveuglement à ton

bonheur ; pour te dérober à des embûches fatales, laisse-moi lire
pour toi dans l'avenir.

ELSA.

Quelles embûches ?

ORTRUDE.

Si tu pouvais comprendre qu'elle étrange origine est celle de
ton époux ! Puisse-t-il ne pas t'être ravi un jour par le même enchantement qui l'a amené vers toi !

ELSA.

(Elle tressaille et recule tremblante devant Ortrude ; puis elle se
retourne en hésitant et avec une tristesse pleine de compassion)

Infortunée, tu ne pourras jamais mesurer de quelle foi profonde l'amour remplit mon cœur ! Non, tu n'as jamais possédé
le bonheur que la foi seule nous donne !

(Elsa, chantant avec Ortrude.)

Reviens près de moi ! laisse-moi t'apprendre, quelles sont les
douceurs du dévouement, de la fidélité ! Laisse-moi te con-
vertir à la foi : il est un bonheur qui ne connaît pas le repentir !

ORTRUDE, à part, chantant avec Elsa.

Ah ! cet orgueil, cet orgueil m'apprendra comment combattre
sa fidélité : je veux tourner les armes contre lui, je veux que
son arrogance soit la source de son repentir !

(Elsa conduit Ortrude dans le Kemenate. Les servantes portent des
flambeaux devant elles. Le jour a déjà commencé à poindre ; Frédéric
s'avance du fond de la scène.)

12.

FRÉDÉRIC.

Voici le malheur qui entre dans cette maison ! Consomme, femme, ce que ta ruse a conçu, je ne sens pas en moi la puissance d'arrêter ton œuvre ! Le malheur a commencé avec ma chute ; tombez, maintenant, après moi, vous qui m'avez précipité ! Je ne vois plus devant moi qu'une seule pensée pour conseillère : le ravisseur de mon honneur doit périr !

SCÈNE III

(Le jour se lève tout à fait. Les gardiens de la tour sonnent une diane, à laquelle on répond d'une tour plus éloignée. Des valets sortent du burg ; ils remplissent des seaux à une fontaine, et les portent dans le Palas. Les gardiens de la tour en ouvrent la porte. Ensuite, quatre trompettes sortent du Palas, sonnent *l'appel du roi*, puis se retirent. Frédéric s'est caché derrière un mur qui avance à côté du munster. De la cour du burg et par la porte de la tour, arrivent successivement un grand nombre de nobles Brabançons et de bourgeois, qui se rassemblent devant le munster ; ils échangent des saluts pleins d'entrain et de gaieté.)

LES NOBLES et LES BOURGEOIS.

L'appel nous rassemble de bonne heure ; voici un jour plein de promesses. Celui qui a consommé ici de si augustes prodiges, peut accomplir encore bien d'autres œuvres.

(Le héraut d'armes sort du Palas avec les quatre trompettes et se
présente sur la terrasse qui est au-dessus de la porte. L'appel du
roi est sonné encore une fois : tous se retournent vers le héraut
d'armes.)

LE HÉRAUT D'ARMES.

Je proclame ici la parole et la volonté du roi; prêtez donc
attention à ce qu'il vous fait savoir par moi! Frédéric de Telramund est mis au ban de l'empire, parce qu'il a affronté sans
foi le combat de Dieu. Qui lui prête encore assistance ou fait
société avec lui, encourt, selon le droit impérial, la même
proscription.

LES HOMMES.

Malédiction sur lui, l'homme sans foi qu'a frappé le jugement
de Dieu! qu'il soit en horreur à l'innocent, qu'il vive sans
repos ni sommeil.

(Nouvelle fanfare des trompettes.)

LE HÉRAUT D'ARMES.

Le roi vous déclare, de plus, que l'étranger envoyé de Dieu,
qu'Elsa a désiré pour époux, reçoit en don la terre et la
couronne du Brabant. Cependant le héros ne veut pas être
appelé duc, vous devrez l'appeler Protecteur de Brabant.

LES HOMMES.

Honneur à l'homme de nos vœux! salut à lui, l'envoyé de
Dieu! Nous sommes les fidèles sujets du Protecteur de Brabant!

(Nouvelle fanfare des trompettes.)

LE HÉRAUT D'ARMES.

Écoutez maintenant ce qu'il vous fait déclarer par moi ! Il célèbre aujourd'hui avec vous la fête de ses noces ; mais demain vous viendrez armés en guerre, pour servir au roi d'escorte militaire. Il dédaigne lui-même de se livrer aux douceurs du repos, et il vous conduira à une noble moisson de gloire !

LES HOMMES, avec enthousiasme.

Apprêtez-vous sans retard au combat, l'auguste héros se met à notre tête ! Qui combat vaillamment avec lui, verra lui sourire le chemin de la gloire. Il est envoyé par Dieu pour la grandeur du Brabant.

(Tandis que les hommes se mêlent entre eux, remplis d'enthousiasme, et que le héraut d'armes rentre dans le Palas, quatre nobles forment un groupe sur le devant de la scène.)

PREMIER NOBLE.

Entendez-vous ! il veut nous emmener loin du pays ?

DEUXIÈME NOBLE.

Contre un ennemi qui jamais encore ne nous a menacés ?

TROISIÈME NOBLE.

Un début si hardi lui conviendrait mal !

QUATRIÈME NOBLE.

Qui lui résistera, s'il a ordonné le départ ?

FRÉDÉRIC, s'avançant parmi eux, et levant à demi la coiffure qui
cache son visage.

Moi.

LES QUATRE NOBLES.

Toi? Qui es-tu? — Frédéric! ne me trompé-je pas? Oses-tu
bien te hasarder ici, pour devenir la proie du premier valet?

FRÉDÉRIC.

Je veux bientôt me hasarder plus loin encore! Vous verrez
éclater devant vos yeux la lumière! Celui qui vous commande si
audacieusement le départ pour l'armée, je veux l'accuser, moi,
de fourberie sacrilége!

LES QUATRE NOBLES.

Qu'entends-je? Insensé, quel est ton dessein! Proscrit et perdu,
le peuple t'écoutera-t-il!

(Ils poussent Frédéric de côté et le cachent parmi eux, par crainte du
peuple. Des pages se présentent sur le balcon de la Kemenate,
descendent vers le Palas et crient aux hommes.)

LES PAGES.

Faites place à Elsa, notre dame! Elle veut aller prier Dieu
au Munster.

(Ils ouvrent un large intervalle entre les hommes, qui s'écartent avec
empressement, et font évacuer les degrés du munster, où ils se
rangent ensuite.)

SCÈNE IV

(Une longue file de femmes richement vêtues passe de la Kemenate
sur la plate-forme et descend de là vers le Palas; puis elle se di-
rige vers le devant de la scène pour se rendre au munster.)

LES NOBLES et **LES BOURGEOIS**, pendant la marche.

Elle marchera triomphante, celle qui a longtemps souffert dans
l'humiliation! Puisse Dieu la conduire et veiller sur ses pas!
Elle approche, pareille à un ange, embrasée d'une chaste
flamme. Salut à toi, fille vertueuse! salut à Elsa de Brabant!

(Elsa paraît dans le cortége, vêtue d'habits magnifiques. Parmi les
femmes qui la suivent et ferment le cortége s'avance Ortrude, couverte également de riches habits; les femmes, qui marchent le plus
près d'elle, se tiennent un peu éloignées, en donnant des signes d'hor·
reur et de dépit mal contenu, en sorte qu'on la voit tout à fait isolée;
son air exprime une fureur croissante. Au moment où Elsa, accueillie
par les acclamations du peuple, va mettre le pied sur la première
marche du munster, Ortrude sort du cortége en éclatant de rage,
s'avance vers Elsa, se place en face d'elle sur le même degré et la
fait reculer devant son regard.)

ORTRUDE.

Arrière, Elsa! je ne supporterai pas plus longtemps de marcher comme une servante à ta suite. Tu dois partout me céder
le pas, tu dois te courber humblement devant moi!

LES PAGES et LES HOMMES.

Que veut cette femme?

ELSA, frappée d'épouvante.

Grand Dieu! que vois-je? quel changement subit s'accomplit
en toi?

ORTRUDE.

Parce que j'ai oublié pendant une heure ma dignité, crois-tu
donc qu'il faudra toujours ramper à tes pieds? Je prétends me
venger de ce que j'ai souffert, je veux recevoir maintenant l'honneur qui m'appartient.

ELSA.

Malheureuse! me serais-je laissée séduire par ton hypocrisie,
quand tu t'es, cette nuit, glissée pleurante jusqu'à moi! Quoi!
tu veux maintenant, pleine d'arrogance, marcher devant moi,
toi l'épouse d'un homme que Dieu a condamné?

ORTRUDE.

Si une sentence d'erreur a frappé mon époux, son nom du
moins était entouré d'honneur dans le pays; lorsqu'on ne l'appelait que la fleur de vertu, sa vaillante épée était connue et re-
doutée. Ton époux, dis-nous qui le connaît ici, puisque tu ne
peux toi-même dire son nom?

LES HOMMES et LES FEMMES, avec une grande agitation.

Que dit-elle? Elle insulte! Imposez-lui silence.

ORTRUDE.

Peux-tu dire son nom ? Peux-tu nous faire savoir si sa race
est sans reproche, sa noblesse garantie? De quelle contrée les
flots te l'ont amené, quand et en quelle contrée il doit s'en re-
tourner ? Non ! Certes, ces questions le réduiraient à un embarras cruel, voilà pourquoi le prudent héros te les a interdites !

LES HOMMES et LES FEMMES.

Dit-elle la vérité ? — Ce sont de graves accusations. — L'in-
solente ose-t-elle bien l'interroger ?

ELSA, se remettant d'un saisissement profond.

Calomniatrice ! femme perverse ! écoute la réponse que j'ose
te faire : C'est un être si pur, si noble, si vertueux que cet
époux auguste, que pour quiconque peut douter de sa mission
il n'est plus de bonheur ni de salut ! Dieu n'a-t-il pas dans le
combat donné à mon héros bien-aimé la victoire sur ton époux?
A vous maintenant de déclarer selon la justice lequel peut être
le seul pur ?

LES HOMMES et LES FEMMES.

Lui ! lui seul ! ton héros seulement !

ORTRUDE.

Cette pureté de ton héros, ah ! qu'elle serait vite troublée s'il
fallait découvrir la nature du charme par lequel il exerce ici
cette puissance ! Si tu n'oses pas l'interroger là-dessus, nous
aurons tous le droit de croire que tu dois craindre toi-même que
sa pureté ne soit que déception !

LES FEMMES, soutenant Elsa.

Protégez-la contre la haine de cette femme impie !

LES HOMMES, au fond.

Place ! place ! voici le roi !

SCÈNE V

(Le roi, Lohengrin, les comtes et les nobles de Saxe et de Brabant, tous magnifiquement vêtus, sont sortis du Palas. Lohengrin et le roi pénètrent avec empressement à travers les groupes confus, qui couvrent le devant de la scène.)

LES HOMMES.

Salut ! salut au roi ! salut au protecteur de Brabant !

LE ROI.

Quel est ce débat ?

ELSA, se jetant dans les bras de Lohengrin.

O mon seigneur ! mon souverain !

LOHENGRIN.

Qu'y a-t-il ?

LE ROI.

Qui ose ici troubler l'entrée à l'église ?

LA SUITE DU ROI.

Quel est ce débat que nous avons entendu?

LOHENGRIN.

Que vois-je? cette malheureuse femme près de toi!

ELSA.

Mon sauveur! protége-moi contre cette femme. Ne t'irrite pas, si je t'ai désobéi! Je l'ai vue éplorée devant cette porte, je l'ai recueillie par pitié pour sa misère : vois maintenant quelle terrible récompense je reçois de ma bonté; elle me fait un crime de mon excès de confiance en toi!

LOHENGRIN, clouant d'un regard Ortrude à sa place.

Femme exécrable! n'approche pas d'elle! tu ne vaincras jamais ici!—Dis-moi, Elsa, a-t-elle pu verser son poison dans ton cœur?

(Elsa cache en pleurant son visage sur le sein de Lohengrin. — Lohengrin, la relevant et montrant le munster :)

Viens! laisse sans crainte couler tes larmes là!

(Au moment où Lohengrin et Elsa, à la tête du cortége, se tournent avec solennité vers le munster, Frédéric s'élance des degrés parmi les femmes et les pages, qui le reconnaissent et reculent épouvantés.)

FRÉDÉRIC.

Roi! princes trompés par le mensonge! arrêtez!

LES HOMMES.

Que veut ici cet homme? Maudit, éloigne-toi!

LE ROI.

Oses-tu braver ma colère?

FRÉDÉRIC.

De grâce, écoutez-moi!

LES HOMMES.

Arrière, homme, ou tu es mort!

FRÉDÉRIC.

Écoutez-moi, écoutez l'homme à qui vous avez fait une cruelle injustice. Le jugement de Dieu a été profané, souillé par le mensonge ; vous avez été trompés par l'artifice d'un enchanteur!

LES HOMMES.

Saisissez le maudit! l'entendez-vous? il blasphème Dieu!

(Ils s'avancent sur lui. La voix de Frédéric, que fait trembler l'énergie suprème du désespoir, les arrête effrayés, et ils finissent par l'écouter avec attention.)

FRÉDÉRIC.

Cet homme que je vois radieux devant moi, je l'accuse de fourberie! Qu'un souffle de Dieu dissipe comme une poussière la puissance que son artifice lui a conquise! Vous avez mal surveillé le jugement, qui m'a pourtant ravi l'honneur, en lui épar-

gnant toute question, quand il s'est présenté au combat de Dieu !
Maintenant vous n'étoufferez pas la question que je vais, moi,
lui poser à cette heure : Son nom, sa patrie, son état, ses honneurs, voilà ce que je lui demande tout haut à la face de
tous.

(Un saisissement profond se manifeste par une grande agitation parmi
tous les assistants.)

Qui est-il, celui que vous avez vu voguer jusqu'à la rive, conduit par un cygne sauvage? Celui que servent ces animaux en-
chantés n'a, je le jure, qu'une pureté d'illusion. Qu'il réponde
maintenant à l'accusation : s'il le peut, sa victoire est juste ;
sinon, vous devez comprendre combien sa vertu est suspecte.

LE ROI et LES HOMMES.

Certes l'accusation est grave ! que va-t-il y répondre ?

LOHENGRIN.

Ce n'est pas à toi, qui as oublié l'honneur, que j'ai besoin de
répondre ici ! Il m'est permis de repousser les doutes du méchant,
le juste ne succombera pas devant lui.

FRÉDÉRIC.

Si je ne puis être un digne témoin pour lui, c'est toi que j'ad-
jure, roi vénéré ! Te fera-t il aussi l'outrage de nier ta noblesse
pour t'interdire cette question?

LOHENGRIN.

Oui, je peux l'interdire au roi même et au conseil suprême
des princes assemblés ! Il ne m'est pas permis de porter le poids

du doute, ils ont vu ma loyale conduite. Il n'en est qu'une à qui je dois répondre.

(Il se tourne vers Elsa et s'arrête, frappé de surprise, en la voyant le sein haletant, en proie aux violences d'un combat intérieur, les yeux fixes et hagards.)

Elsa! je la vois frémir.

(Lohengrin chante avec Frédéric, Ortrude, le roi, Elsa et tous les hommes.)

Faut-il la voir livrée aux déchirements de sa pensée! La bouche menteuse de la haine l'a-t-elle égarée? O ciel! protége-la contre le péril! Que jamais son âme innocente ne connaisse le doute!

FRÉDÉRIC et ORTRUDE chantent avec Lohengrin, le roi, Elsa et tous les hommes.

Je la vois livrée aux déchirements de sa pensée, le doute germe au fond de son cœur; l'étranger qui a abordé sur cette plage pour mon malheur, il est vaincu, il va entendre la question fatale.

LE ROI et TOUS LES HOMMES chantent avec Lohengrin, Frédéric, Elsa et Ortrude.

Quel secret faut-il que le héros ait à garder? Si ce secret révélé doit le perdre, que sa bouche le garde fidèlement! Nous le protégerons, le noble étranger, contre le péril; sa conduite nous a déclaré sa noblesse.

ELSA chante avec Lohengrin, Frédéric, le roi, Ortrude et tous les hommes.

Si le secret qu'il cache, proclamé ici par sa bouche à la face de tous, devait le mettre en péril, malheur à moi, femme ingrate, sauvée par lui, malheur, si ma trahison le forçait à révéler ce secret! Si je connaissais son destin, je voudrais en respecter fidèlement le mystère ; pourtant je sens frémir dans le doute le fond de mon cœur.

LE ROI.

Mon héros ! réponds hardiment à l'imposteur ! Tu es trop grand pour craindre ses accusations.

LES HOMMES, se pressant autour de Lohengrin.

Nous sommes tes garants ! jamais nous n'aurons à nous repentir d'avoir reconnu en toi la valeur des héros. Tends-nous la main, nous croyons en toi sincèrement, nous tenons ton nom, sans le connaître, pour un nom auguste.

LOHENGRIN.

Non, héros, vous ne regretterez jamais cette confiance, dussent mon nom, ma race vous rester à jamais inconnus !

(Lohengrin, entouré de guerriers qui lui tendent la main, la leur serre tour à tour ; pendant qu'il est au fond de la scène, Frédéric se penche, sans qu'on l'observe, vers Elsa qui, jusqu'à ce moment, pleine d'angoisse, de trouble et de confusion, n'a pas encore eu le courage de lever les yeux sur Lohengrin, et, toujours en lutte avec elle-même, reste isolée sur le devant de la scène.)

FRÉDÉRIC, avec mystère.

Crois-moi ! laisse-toi enseigner un moyen qui lèvera tes soupçons.

ELSA, effrayée, mais tout bas.

Loin de moi !

FRÉDÉRIC.

Laisse-moi lui enlever la plus petite partie de son corps, la
pointe d'un doigt, et je te jure que le secret qu'il te cache, tu
le verras à découvert; alors lié à toi, il ne te quittera plus.

ELSA.

Jamais ! jamais !

FRÉDÉRIC.

Je serai près de toi cette nuit, appelle-moi, et tout sera fait
sans péril en un instant.

LOHENGRIN, marchant rapidement vers le devant de la scène.

Elsa, à quelle voix prêtes-tu l'oreille ?

(Elsa se détourne de Frédéric avec un regard plein de douloureux
doutes, et tombe accablée aux pieds de Lohengrin.)

LOHENGRIN d'une voix terrible, à Frédéric et à Ostrude.

Loin d'elle, maudits ! Que jamais mes yeux ne vous revoient
près d'elle !

FRÉDÉRIC, fait un geste de rage et de douleur.

LOHENGRIN.

Elsa, lève-toi ! Dans tes mains, dans ta foi inébranlable repose le gage de notre bonheur. La violence du doute trouble-t-il ton repos? Veux-tu me faire la question fatale?

ELSA, en proie à la plus vive agitation intérieure et avec confusion.

Mon sauveur, l'auteur de mon salut, mon héros, à qui je me dois tout entière, supérieur à toutes les atteintes du doute restera mon amour!

(Elle tombe entre ses bras. Les orgues retentissent dans le munster; les cloches sonnent.)

LOHENGRIN.

Salut à toi, Elsa! Allons maintenant au pied de Dieu!

(Les guerriers et les femmes avec émotion et enthousiasme.)

Voyez! voyez! c'est un envoyé de Dieu! Salut à toi! salut à Elsa de Brabant!

(Au milieu d'un cortége solennel, le roi, ayant Lohengrin à sa gauche, Elsa à sa droite, monte les degrés du munster; du haut du parvis le regard d'Elsa tombe sur Ortrude qui lève la main vers elle d'un air menaçant; Elsa se détourne avec effroi, et se serre plein d'angoisse contre Lohengrin; lorsque celui-ci l'a conduite jusqu'au munster, le rideau tombe.)

FIN DU DEUXIÈME ACTE

ACTE TROISIÈME

Une introduction peint le bruit et les magnificences de la fête des noces. Au lever du rideau, la scène représente la chambre nuptiale, au milieu du fond le lit nuptial richement paré; près d'une fenêtre en saillie ouverte, un lit de repos très-bas. Aux deux côtés, vers le fond, les portes, qui conduisent dans la chambre ouverte. Le cortége appproche de l'appartement au son de la musique et du chœur nuptial; il entre dans l'ordre suivant : par la porte à droite entrent les femmes qui conduisent Elsa ; par la porte à gauche les guerriers et le roi qui conduisent Lohengrin ; des pages avec des flambeaux précèdent chaque cortége. Au moment où les deux cortéges se rencontrent au milieu de la scène, le roi présente Lohengrin à Elsa ; ceux-ci s'embrassent, et restent au milieu de la scène.

SCÈNE PREMIÈRE

CHANT NUPTIAL

DES GUERRIERS ET DES FEMMES

Entrez en paix, entrez dans l'asile où vous attendent les félicités de l'amour ! Le courage victorieux, la douce tendresse forment par la fidélité votre union bienheureuse ! Défenseur de la vertu, franchis ce seuil! Joyau de la jeunesse, précède nos pas! fuyez maintenant les bruits de fête, livrez-vous à l'ivresse du cœur! que la chambre parfumée, parée pour l'amour, vous dérobe maintenant à l'éclat des lumières. Entrez donc, entrez en paix dans l'asile où vous attendent les félicités de l'amour! Le courage victorieux, la pure tendresse forment dans la fidélité votre union bienheureuse!

(Des pages enlèvent à Lohengrin le riche manteau jeté sur ses habits, détachent son épée et la déposent auprès du lit de repos; des femmes enlèvent aussi à Elsa son précieux manteau. — Pendant ce temps, huit femmes tournent trois fois à pas lents autour de Lohengrin et d'Elsa.)

HUIT FEMMES.

Comme Dieu a consacré votre bonheur, nous bénissons vos joies à notre tour. Dans la voie de la fidélité, souvenez-vous longtemps de cette heure-ci!

CHANT NUPTIAL, chanté pendant la sortie.

(Le roi embrasse Lohengrin et Elsa. Les pages donnent le signal de la marche. Les cortéges défilent devant les deux époux; les guerriers sortent par la porte de droite, les femmes par la porte à gauche.)

Sous notre garde fidèle, restez ici où vous attendent les félicités de l'amour! Le courage victorieux, la tendresse, le bonheur forment dans la fidélité votre union bienheureuse. Défenseur de la vertu, reste dans cet asile! Joyau de la jeunesse, reste dans cet asile. Fuyez maintenant les bruits de fête, livrez-vous à l'ivresse du cœur! La chambre, parfumée, parée pour l'amour, vous a reçus et dérobés à l'éclat des lumières! Sous notre garde fidèle, restez ici où vous attendent les félicités de l'amour! Le courage victorieux, la tendresse et le bonheur forment dans la fidélité votre union bienheureuse.

(Lorsque tous ont quitté l'appartement, les portes sont fermées par dehors. Le chant va s'éloignant et s'éteignant peu à peu.)

SCÈNE II

(Elsa, comme accablée par l'excès de bonheur, tombe entre les bras de Lohengrin, puis Lohengrin la conduit doucement vers le lit de repos, où ils s'asseyent tous deux entrelacés.)

LOHENGRIN.

Le doux chant s'éloigne; nous sommes seuls, seuls pour la première fois depuis que nous nous sommes vus ; nous sommes maintenant à l'abri du monde ; nulle oreille ne peut profaner les effusions de nos cœurs. Elsa, mon épouse! ma douce et pure fiancée! es-tu heureuse? dis-le-moi à cette heure.

ELSA.

Combien est froid ce mot heureuse en face de toutes les béatitudes célestes que je possède, quand je sens mon cœur embrasé pour toi d'un feu si doux, quand je respire des délices qu'un Dieu seul a pu donner!

LOHENGRIN.

Si tu peux, ô gracieuse amie, t'appeler heureuse, tu me donnes à moi aussi la félicité du ciel, je sens mon cœur embrasé pour toi d'un feu si doux, je respire des délices qu'un Dieu seul peut donner!... Oui, je le reconnais, notre amour est d'une nature sainte! Sans nous être jamais vus, nous nous étions pressentis; dès que tu m'eus élu pour défenseur, l'amour m'a montré le chemin vers toi. Ton œil a proclamé au mien ton innocence, ton regard a fait de moi le serviteur de ta grâce.

ELSA.

Je t'avais déjà vu pourtant, tu étais venu vers moi dans un rêve enchanté; puis, lorsqu'éveillée je te vis debout devant moi, je reconnus que tu venais par un décret de Dieu. J'aurais voulu, dans ce moment, me fondre devant ton regard, enlacer tes pas comme un ruisseau; dans mon ravissement, j'aurais voulu, comme une fleur qui inonde la prairie de son parfum, me courber sous tes pieds. N'est-ce là que de l'amour? Comment le dirais-je, ce mot plein d'ineffables délices, comme est, hélas! ineffable pour moi ton nom que je ne pourrai jamais connaître, par lequel je ne pourrai jamais exprimer mon suprême bien!

LOHENGRIN, avec tendresse.

Elsa!

ELSA.

Comme mon nom glisse doucement sur tes lèvres! N'en-

tendrai-je pas la divine mélodie du tien? Du moins quand nous
nous sommes abrités dans le silence de l'amour, permets
qu'alors ma bouche le prononce.

LOHENGRIN.

Ma douce épouse !

ELSA.

Tout seuls, quand nul ne veille près de nous ; qu'il n'arrive
jamais à l'oreille des hommes !

LOHENGRIN, l'embrassant avec tendresse, et montrant la fenêtre.

Ne respires-tu pas comme moi ces doux parfums? comme
ils ravissent et enivrent les sens ! Ils viennent portés mystérieusement par les airs ; je me livre, sans les interroger, au
charme qui en émane. Tel est le charme, qui m'a enchaîné à
toi, lorsque je t'ai vue pour la première fois, ô douce amie ;
je n'ai pas eu besoin de m'informer de ta nature, mes yeux
t'ont vue, et mon cœur t'a comprise. Comme les parfums qui
remplissent mes sens d'un doux vertige, quoiqu'ils m'arrivent
du fond de la nuit mystérieuse, ainsi ta pureté m'a subjugué, ravi, malgré le soupçon terrible dont je te trouvais accablée.

ELSA.

Ah ! si je pouvais paraître digne de toi ! n'être pas réduite
uniquement à m'anéantir devant toi ! te rendre un service qui
m'unît à toi, et me voir pour toi en butte à la douleur ! De
même que tu m'as rencontrée sous le faix d'une accusation
redoutable, puissé-je te savoir aussi dans la détresse ! Afin

d'affronter courageusement un péril, puissé-je te savoir menacé d'une catastrophe ! Serait-ce donc un secret menaçant que
ta bouche tait au monde entier? Un malheur t'atteindrait-il
peut-être, si ce secret était révélé aux hommes? Oh! s'il en
était ainsi, si je pouvais le posséder, le voir en ma puissance,
non, plutôt que de me le laisser arracher par les menaces, je
voudrais pour toi marcher à la mort !

LOHENGRIN.

Ma bien-aimée !

ELSA.

Relève ma fierté par ta confiance, ne me laisse pas mourir de
mon indignité ! laisse-moi lire ton secret, laisse-moi voir sans
réserve qui·tu es !

LOHENGRIN.

De grâce, Elsa, tais-toi !

ELSA.

Dévoile à ma fidélité la hauteur de ta noblesse! D'où viens·
tu? dis-le moi sans crainte, fie-toi à mon silence invincible !

LOHENGRIN, gravement.

Tu dois me remercier déjà de ma confiance suprême, car j'ai
cru sans hésiter à ton serment. Ne chancelle jamais devant la
loi jurée, c'est alors que tu me paraîtras supérieure à toutes les
femmes !

(Il l'attire de nouveau doucement à lui en cherchant à la calmer.)

Viens sur mon sein, douce et pure amie! approche de mon cœur embrasé! Laisse briller sur moi la douce lueur de tes yeux, où j'ai vu tout mon bonheur! Laisse, oh! laisse mon âme ravie s'enivrer de ton souffle! Laisse-moi te serrer, t'étreindre sur mon cœur, pour que je puisse être heureux en toi. Ton amour sera le prix superbe de ce que j'ai abandonné pour toi; il n'est pas dans l'étendue des mondes de Dieu de destin qui puisse s'appeler plus noble que le mien. Le roi m'offrît-il sa couronne, je pourrais la dédaigner sans regret; le prix, l'unique prix de mon sacrifice, je dois le trouver dans ton amour! Sache donc toujours repousser l'atteinte du doute, que ton amour soit ma caution souveraine; car je ne viens pas du royaume des douleurs et de la nuit, mais des splendeurs et de la béatitude.

ELSA.

Dieu protecteur! qu'ai-je entendu! quel témoignage a porté ta bouche! Tu voulais étourdir mes craintes, et mon malheur s'est révélé. Le destin que tu as quitté était ton bonheur suprême: tu es descendu de l'empire de la béatitude, et voilà que tes désirs t'y ramènent! Comment croire, infortunée, que ma fidélité te suffise? Un jour, un jour tu me seras ravi, quand tu te repentiras de ton amour.

LOHENGRIN.

Cesse de te tourmenter ainsi!

ELSA.

Et toi, pourquoi me tourmentes-tu donc? faut-il compter les jours que tu dois me rester encore? mes jours vont se flétrir

dans la terreur et l'angoisse ; puis tu me fuiras et je resterai ici
dans un exil désolé.

LOHENGRIN.

Ta beauté ne pâlira jamais, si tu restes à l'abri du doute !

ELSA.

T'enchaîner à moi ! comment en aurais-je le pouvoir, hélas !
Ton existence n'est qu'enchantement, ta venue près de moi est
un prodige : comment ne pas succomber, hélas ! où trouver un
gage de tes paroles ?

(En proie à l'agitation la plus vive, elle prête l'oreille avec épouvante.)

N'entends-tu rien ? n'as-tu pas entendu des pas approcher ?

LOHENGRIN.

Elsa !

ELSA, les yeux fixes et hagards.

Non ! mais là-bas ! le cygne, le cygne ! Il vient, là-bas, na-
geant sur les flots... Tu l'as appelé, il amène la nacelle !

LOHENGRIN.

Arrête, Elsa ! apaise ton délire !

ELSA.

Rien ne me donnera la paix, rien ne m'arrachera à mon délire
que de savoir (fût-ce au prix de ma vie !), de savoir qui tu es.

LOHENGRIN.

Elsa, quel secret oses-tu affronter ?

ELSA.

Époux pour mon malheur trop aimé, écoute! Écoute la question que la nécessité m'arrache! Dis-moi ton nom !

LOHENGRIN.

Arrête !

ELSA.

De quel séjour es-tu venu ?

LOHENGRIN.

Malheur à toi !

ELSA.

Quelle est ta nature ?

LOHENGRIN.

Malheur à nous ! qu'as-tu fait !

(Elsa, debout devant Lohengrin qui tourne le dos au fond de la scène, voit par la porte qui est derrière lui entrer Frédéric et les quatre nobles Brabançons en brandissant leur épée.)

ELSA, jetant un cri de terreur.

Sauve-toi ! ton épée ! ton épée !

(Elle saisit en un clin d'œil l'épée déposée auprès du lit de repos, et la
présente à Lohengrin de manière qu'il puisse rapidement la tirer du
fourreau. Lohengrin atteint Frédéric, et l'étend mort d'un seul
coup. Les nobles, effrayés, laissent tomber leurs épées et se jettent à
genoux aux pieds de Lohengrin. Elsa, qui s'était jetée devant lui,
glisse lentement à terre, évanouie. Long silence plein d'anxiété.)

LOHENGRIN.

Malheur ! C'en est fait maintenant de notre bonheur !

(Il se baisse vers Elsa, la relève lentement, et l'appuie sur le lit de
repos.)

ELSA, ouvrant les yeux avec langueur.

Dieu éternel ! aie pitié de moi !

(Le jour s'est levé peu à peu ; les flambeaux épuisés menacent de
s'eteindre. Sur un signe de Lohengrin les quatre nobles se lè-
vent.)

LOHENGRIN.

Portez le mort au tribunal du roi !

(Les nobles prennent le corps de Frédéric et s'éloignent par une porte
du fond. Lohengrin tire une sonnette ; quatre femmes entrent.)

LOHENGRIN, aux femmes.

Pour la conduire devant le roi, parez Elsa, ma douce
épouse ! Là je veux lui répondre, et lui faire connaître la nature
de son époux.

Il sort dans une attitude triste et grave par la porte à droite. Les femmes emmènent Elsa, qui peut à peine se mouvoir, par la porte à gauche.—Un rideau tombe sur le devant de la scène et la dérobe tout entière. On entend des trompettes sonner une fanfare qui semble venir de la cour du burg.)

SCÈNE III

(Lorsque le rideau se lève, la scène représente encore, comme au premier acte, une prairie sur les bords de l'Escaut. L'aurore, et enfin le grand jour. De divers côtés arrivent peu à peu sur la scène des Brabançons qui forment le ban du roi. Les différentes troupes sont conduites par des comtes, dont les porte-bannières plantent l'écu dans le sol dès qu'ils sont arrivés; chaque troupe se rassemble autour de cet écu; des écuyers portent la lance et le bouclier du comte, des valets conduisent les chevaux à côté. Lorsque les Brabançons sont tous réunis, le roi arrive à gauche avec son ban : tous sont complétement armés en guerre.)

LES BRABANÇONS, saluant l'arrivée du roi.

Salut au roi Henri! Roi Henri, salut!

LE ROI, debout sous le chêne.

Soyez remerciés, mes bons et féaux Brabançons! je sens mon cœur enflammé d'orgueil en trouvant en chaque terre allemande ces nombreuses et puissantes levées de guerriers. Si l'ennemi de l'empire approche maintenant, nous le recevrons vaillamment; non, il ne se hasardera jamais loin de ses déserts

de l'Est à marcher contre nous ! Pour terre allemande épée allemande ! Qu'ainsi soit protégée la puissance de l'empire !

TOUS LES GUERRIERS.

Pour terre allemande, épée allemande ! Qu'ainsi soit protégée
la puissance de l'empire !

LE ROI,

Qu'est-ce qui retient encore celui que Dieu a envoyé pour la
gloire et la grandeur du Brabant ?

(Un tumulte mêlé d'horreur s'élève ; les quatre nobles de Brabant apportent sur une civière le corps de Frédéric couvert d'un voile et le
déposent au milieu de la scène. Tous se regardent en s'interrogeant
d'un air sinistre.)

TOUS.

Qu'apportent ces hommes? quel mystère vont-ils dévoiler?
Ce sont les vassaux de Telramund.

LE ROI.

Qui apportez-vous ici! que venez-vous offrir à ma vue? je me
sens frémir à votre aspect !

LES QUATRE NOBLES.

Nous venons par l'ordre du protecteur du Brabant; il fera
connaître lui-même qui est celui-ci.

(Elsa, qu'accompagne une suite nombreuse de femmes, entre et s'avance
à pas lents et incertains vers le devant de la scène.)

LES GUERRIERS.

Voici Elsa, la vertueuse Elsa qui approche ! Comme son visage est pâle et abattu !

LE ROI.

(Il s'est avancé au-devant d'Elsa, et il la conduit à un siége élevé, en face de lui.)

Pourquoi te vois-je si triste? Faut-il que la séparation afflige à ce point ton cœur?

(Elsa n'ose pas le regarder. Un grand tumulte s'élève au fond.)

DES VOIX.

Faites place au héros de Brabant !

TOUS LES GUERRIERS.

Salut, salut au héros de Brabant !

(Le roi a repris sa place sous le chêne. Lohengrin, tout armé comme au premier acte, s'avance sans suite, grave et triste.)

LE ROI.

Sois le bienvenu, héros bien-aimé! Ceux que tu as fidèlement appelés autour de ta bannière, t'attendent impatients de combattre, assurés de vaincre sous ta conduite.

LES BRABANÇONS.

Nous t'attendons, impatients de combattre, assurés de vaincre sous ta bannière.

LOHENGRIN.

Mon seigneur et roi, écoute mes paroles : ces vaillants guerriers que j'ai convoqués, je ne puis les conduire au combat.

TOUS LES GUERRIERS, frappés d'étonnement.

Dieu protecteur ! quelle triste nouvelle il nous annonce !

LOHENGRIN.

Je ne suis pas venu ici comme combattant ; écoutez-moi en
ce moment comme accusateur ! J'élève hautement une première
accusation devant vous tous, et vous demande un arrêt conforme
à la justice et au droit : cet homme m'a attaqué cette nuit par
surprise, je l'ai tué, dites si cette action est légitime?

(Il a découvert le corps de Frédéric ; tous détournent leur visage
avec horreur.)

LE ROI et TOUS LES GUERRIERS, étendant la main du côté du cadavre.

Comme ta main l'a frappé sur terre, qu'il soit frappé dans la
seconde vie par la vengeance divine !

LOHENGRIN.

Écoutez maintenant une autre accusation. J'accuse hautement
à la face du monde, la femme à laquelle Dieu m'avait uni, de
s'être laissé gagner follement à me trahir.

TOUS LES GUERRIERS.

Elsa ! comment cette action a-t-elle pu se faire! comment
as-tu pu faillir ainsi ?

LOHENGRIN.

Vous avez tous entendu sa promesse de ne jamais me demander qui je suis. Elle a brisé son serment sacré, elle a prêté son
cœur aux conseils de la perfidie ! Pour prix des questions obstinées que le doute lui a suggérées, que la réponse ne lui soit pas
déniée plus longtemps : j'ai pu la refuser aux exigences impor-
tunes de l'ennemi; il faut proclamer à cette heure mon nom et
ma nature. Comprenez donc maintenant si j'ai lieu de redouter
la lumière : en face du monde, du roi et de l'empire, je dévoile
loyalement mon secret. Écoutez, et dites si ma noblesse n'égale
pas la vôtre !

TOUS LES HOMMES et TOUTES LES FEMMES.

Quel mystère inouï vais-je apprendre maintenant ? que n'a-t-il
pu s'abstenir de cette révélation forcée !

LOHENGRIN, majestueux et transfiguré, regardant au loin
devant lui.

Dans une terre éloignée, inaccessible à vos pas, est un burg
nommé Montsalvat. Un temple lumineux s'élève au milieu, un
temple précieux auquel la terre n'a rien de comparable. Dans ce
temple est gardé, comme le Saint des saints, un vase auguste
et merveilleux ; pour être confié aux soins des plus purs parmi
les hommes, il fut apporté sur terre par une troupe d'anges.
Chaque année descend du ciel une colombe pour rendre à sa
vertu miraculeuse une force nouvelle. Il s'appelle le Graal, et une
foi sans tache et bienheureuse se répand par lui dans l'âme de
ses chevaliers. Quiconque est choisi pour servir le Graal est aus-

sitôt revêtu d'une puissance surnaturelle ; même celui qui est par lui envoyé dans une terre lointaine, chargé de la mission de défendre le droit de la vertu, n'est pas dépouillé de sa force sacrée, autant que reste inconnue sa qualité de chevalier du Graal ; mais telle est la nature sublime de cette vertu du saint Graal, que, dévoilée, elle fuit aussitôt les regards profanes ; c'est pourquoi vous ne devez concevoir nul doute envers son chevalier ; s'il est reconnu par vous, il lui faut vous quitter sur-le-champ. Écoutez maintenant comment je récompense la question interdite ! Je vous ai été envoyé par le Graal ; mon père, Parcival, porte sa couronne ; moi, son chevalier, j'ai nom Lohengrin.

TOUS LES GUERRIERS et **LES FEMMES,** remplis d'étonnement et se regardant avec une émotion profonde.

A ce témoignage éclatant de son auguste nature, mon œil brulant laisse échapper de douces et saintes larmes.

ELSA, anéantie.

Comme le sol vacille sous moi ! Quelle nuit profonde ! A moi de l'air ! de l'air, je suffoque !

(Elle est près de tomber; Lohengrin la prend entre ses bras.)

LOHENGRIN, avec un saisissement douloureux.

Elsa ! qu'as-tu fait ? Lorsque mes yeux te virent pour la première foi, je me sentis pour toi enflammé d'amour, et aussitôt un bonheur nouveau me fut révélé ; le pouvoir auguste, les miracles de ma nature, la force que m'assure mon secret, je voulus tout consacrer au service du cœur le plus pur : pourquoi m'as-tu arraché mon secret ? Maintenant, hélas ! il faut me séparer de toi à jamais

LE ROI, TOUS LES GUERRIERS, chantant avec Elsa et Lohengrin.

O douleur ! ô douleur ! faut-il te séparer de nous, auguste et saint envoyé de Dieu ! Si la faveur céleste doit nous délaisser, où trouver rien désormais qui nous console de ta perte ?

ELSA, laissant éclater son désespoir avec violence, chantant avec le roi, les guerriers et Lohengrin.

Mon époux ! non ! je ne te laisse pas me quitter ! Reste ici pour être témoin de mon expiation ! Tu ne peux te refuser à mon repentir amer ; pour recevoir de toi mon châtiment, tu me vois à tes pieds.

LOHENGRIN.

Il le faut ! il le faut ! ma douce épouse, il le faut ! Déjà le Graal s'irrite que je reste loin de lui !

ELSA.

Ne me repousse pas, si grand que soit mon crime !

LOHENGRIN.

Tais-toi ! c'est sur moi-même que je veux le punir !

ELSA.

Toi, dont j'ai reconnu la nature divine, sois aussi, comme Dieu, miséricordieux ! L'infortunée expie sa faute dans les larmes. Oh ! ne la prive pas de ta douce présence !

LOHENGRIN.

Il n'est qu'une seule expiation de ta faute, hélas ! expiation dont la rigueur m'atteint du même coup dont elle te navre toi-même! Nous devons subir la séparation, l'absence, c'est là le châtiment, c'est là l'expiation nécessaire.

(Elsa tombe à terre en jetant un cri.)

LE ROI ET LES NOBLES, entourant Lohengrin.

Reste! ne nous délaisse pas! Tes vassaux attendent impatiemment leur chef.

LOHENGRIN.

Écoute, ô roi! je ne puis t'accompagner! chevalier du Graal, comme vous l'avez entendu, je ne puis, indocile à sa loi, vous suivre au combat, sans me voir dépouillé de toute vertu virile! Prête pourtant, ô grand roi! l'oreille à ma prédiction : Une grande victoire est accordée à ta pureté! Jamais les siècles futurs ne verront plus les hordes du couchant déborder triomphantes sur l'Allemagne!

(On entend venir du fond et s'étendre le cri :)

Le cygne! le cygne!

(On aperçoit le cygne qui amène la nacelle et s'avance de la même manière qu'à l'arrivée de Lohengrin.)

LES GUERRIERS ET LES FEMMES.

Le cygne! le cygne! Le voyez-vous là-bas approcher de nouveau?

ELSA.

Désespoir! Le cygne! c'est le cygne!

LOHENGRIN.

Le Graal, déjà indigné de mes retards, l'envoie vers moi.

(Au milieu de l'attente inquiète et de l'angoisse de tous, Lohengrin
approche de la rive et contemple le cygne avec tristesse.)

Mon cygne bien-aimé! avec quelle joie, hélas! je t'aurais
épargné ce dernier et triste voyage! Dans une année, quand devait
arriver le terme de ta servitude, je voulais te revoir ailleurs,
affranchi alors par la puissance du Graal !

(Il se tourne, en proie à une douleur profonde, vers le devant de la
scène, du côté d'Elsa.)

O Elsa! une année seulement j'aurais désiré de rester près
de toi, témoin de ton bonheur! Alors devait revenir, sanctifié
dans les voies du Graal, ton frère que tu croyais mort... S'il revient
plus tard, quand je serai loin de lui dans la vie, donne-lui ce
cor, cet épée, cet anneau! Ce cor lui prêtera secours dans le
péril, cette épée lui assurera la victoire dans la furie du combat;
mais que cet anneau rappelle à sa mémoire celui qui t'arracha
un jour à l'opprobre et au malheur!

(Déposant sur le front d'Elsa plusieurs baisers.)

Adieu! adieu! adieu, ma douce épouse! adieu! rester ici plus
longtemps m'exposerait au courroux du Graal !

(Elsa s'est attachée à lui convulsivement; la force l'abandonne enfin; elle
tombe entre les bras de ses femmes auxquelles Lohengrin la remet;
il marche ensuite d'un pas rapide vers la rive.)

LE ROI, LES GUERRIERS et **LES FEMMES,** tendent les mains
vers Lohengrin.

O désespoir ! douleur ! Héros noble et généreux, quelle perte
cruelle tu nous infliges !

(Ortrude paraît à droite sur le devant de la scène, et se place en
face d'Elsa, en manifestant par ses gestes une joie sauvage.)

ORTRUDE.

Pars ! pars donc, orgueilleux héros ! que je puisse, ivre de
joie, annoncer à la pauvre folle qui t'a amené dans la nacelle !
J'ai bien reconnu la petite chaîne avec laquelle j'ai transformé
l'enfant en cygne : c'était l'héritier de Brabant !

TOUS.

Ha !

ORTRUDE, à Elsa.

Pour avoir banni loin de toi le chevalier, merci ! Le cygne
le reconduit maintenant dans son séjour : s'il était resté plus
longtemps, ce héros aurait aussi délivré ton frère.

TOUS.

Femme exécrable ! quel crime as-tu confessé dans l'arrogance
de tes dérisions !

ORTRUDE.

Apprenez comment se vengent les dieux, dont vous avez détourné vos hommages.

(Lohengrin prêt à monter dans la nacelle, s'est arrêté à la voix d'Ortrude, et lui a prêté du rivage une oreille attentive. Alors, tombant
gravement à genoux, au bord du fleuve, il élève une muette et fervente prière. Il voit soudain une colombe blanche planer au-dessus
de la nacelle; il se lève plein de joie et délivre le cygne de sa
chaîne. Le cygne plonge aussitôt, et à sa place paraît un adoles-
cent; c'est Godefroid.)

LOHENGRIN.

Regardez ! voici le duc de Brabant ! Qu'il soit élu pour votre
chef !

(Il s'élance rapidement dans la nacelle, dont la colombe prend la
chaîne et qu'elle emmène aussitôt. En voyant rompre l'enchantement
qui tenait Godefroid captif, Ortrude tombe à terre en jetant un cri.
Elsa, transfigurée par une dernière lueur de joie, contemple Godefroid qui s'est avancé et incliné devant le roi. Tous les nobles de
Brabant fléchissent le genou devant lui. Puis Elsa reporte ses regards vers le fleuve.)

ELSA.

Mon époux ! mon époux !

(Elle aperçoit Lohengrin, déjà à une longue distance, porté dans la nacelle que traîne la colombe. A cette vue, tous jettent un cri de douleur. Elsa tombe inanimée entre les bras de Godefroid, et glisse
lentement jusqu'à terre.)

FIN DE LOHENGRIN

TRISTAN ET ISEULT

OPÉRA EN TROIS ACTES

PERSONNAGES

TRISTAN.

LE ROI MARKE.

ISEULT.

KURWENAL.

MELOT.

BRANGŒNE.

Un Berger. — Un Pilote. — Gens de mer. — Chevaliers
et Écuyers.

TRISTAN ET ISEULT

ACTE PREMIER

Une sorte de tente, dressée sur le tillac d'un navire, et tendue de riches tapisseries ; au commencement elle est complétement fermée au fond ; d'un coté, un escalier étroit conduit dans le corps du navire. Iseult sur un lit de repos, le visage pressé sur les coussins. — Brangœne, tenant une tenture relevée, regarde d'un côté par-dessus le bord.

SCÈNE PREMIÈRE

VOIX D'UN JEUNE MARIN.

(La voix semble venir du haut d'un mât.)

Le regard erre vers l'occident, le navire glisse vers l'orient ; le vent frais souffle vers le sol natal : enfant d'Irlande, où es-tu ? est-ce le souffle de tes soupirs qui enfle mes voiles ? souffle [1], souffle, ô vent ! Je souffre, ah ! je souffre, mon enfant ! fille d'Irlande, fille charmante et sauvage !

[1] Il y a ici entre les mots allemands qui veulent dire *souffle*, et *je souffre*, une assonance expressive, qu'il nous a été impossible.de rendre.

ISEULT, tressaillant.

Qui ose donc me railler?

(Elle porte autour d'elle des yeux hagards.)

Brangœne, est-ce toi? dis, où sommes-nous ?

BRANGŒNE, à l'ouverture de la tente.

Des bandes bleues s'étendent au couchant ; le navire glisse et vogue à pleines voiles ; avant le soir, la mer tranquille va nous porter sans péril à la terre.

ISEULT.

Quelle terre ?

BRANGŒNE.

Les verts rivages de Cornouailles.

ISEULT.

Jamais! ni aujourd'hui, ni demain !

BRANGŒNE laisse tomber la tapisserie, et, frappée d'étonnement, s'approche rapidement d'Iseult.

Qu'entends-je! ô maîtresse!

ISEULT, se parlant à elle-même avec exaltation.

Race dégénérée, indigne des ancêtres! Où as-tu égaré, ô mère, la puissance de régner sur la mer et la tempête? O magie, art abaissé, qui ne broies plus que des breuvages de baume! réveille-toi à mon appel, puissance intrépide, lève-toi du cœur où tu t'es réfugiée! Entendez ma volonté, vents dociles! Vite au combat

soulevez l'ouragan, le tourbillon furieux des orages déchaînés !
Arrachez à son sommeil cette mer rêveuse, éveillez du fond de
l'abîme ses avides et implacables furies ; montrez-lui la proie
que je lui offre ; faites voler en éclats ce navire insolent ; qu'il
soit brisé et qu'elle engloutisse ses débris ! Et ce qu'il abrite de
vivant, tout ce qui respire, je vous l'abandonne, ô vents, pour
récompense !

BRANGŒNE, dans le plus grand effroi, s'empressant autour d'Iseult.

Malheur ! hélas ! hélas ! Catastrophe que j'ai pressentie ! Iseult,
ma maîtresse ! cher cœur ! que m'as-tu caché si longtemps ? Pas
une larme versée pour ton père, pour ta mère ; à peine un salut
accordé à ceux que tu quittais ; glacée et muette à l'heure du
départ, pâle et silencieuse pendant la traversée, sans aliment,
sans sommeil, éperdue, anéantie, immobile et souffrante, que
n'ai-je pas éprouvé à te voir ainsi, réduite à n'être plus rien pour
toi, à rester, comme une étrangère, à tes côtés ? Oh ! dis-moi
maintenant ce qui t'attriste ; dis-moi, dis-moi tes douleurs.
Iseult, gracieuse et bien-aimée maîtresse ! pour qu'elle se croie
digne encore de ta confiance, confie-toi à Brangœne.

ISEULT.

De l'air ! de l'air ! mon cœur suffoque. Ouvre, ouvre cette
tenture toute grande.

(Brangœne écarte précipitamment les tentures du milieu.)

SCÈNE II

(La vue s'étend le long du navire jusqu'au gouvernail, puis au delà
du bord sur la mer et sur l'horizon. Au milieu du navire, autour
du grand mât, sont étendus des marins, travaillant aux cordages; un
peu plus loin, on aperçoit près de la poupe des chevaliers et des
écuyers, également couchés; à quelque distance, Tristan debout,
les bras croisés, et pensif, regardant la mer. A ses pieds est étendu
négligemment Kurwenal. Du haut du mât on entend de nouveau la
voix du jeune marin.)

ISEULT, dont le regard a sur-le-champ trouvé Tristan, et reste fixe-
ment attaché sur lui, se parle à elle-même d'une voix sourde.

Élu pour moi, — perdu pour moi, — noble, pur, vaillant et
lâche : tête vouée à la mort ! cœur voué à la mort !

(A Brangœne, avec un sourire inquiet.)

Que penses-tu de ce serf?

BRANGŒNE, suivant son regard.

Lequel veux-tu dire?

ISEULT.

Là-bas, le héros qui dérobe son regard au mien, qui détourne les yeux, plein de pudeur et de crainte : — dis, qu'en
penses-tu ?

BRANGŒNE.

N'est-ce pas de Tristan que tu parles, chère dame, la

merveille des royaumes, le preux tant vanté, le héros sans pair,
le trésor et l'asile de la gloire?

ISEULT, avec ironie.

Qui, tout craintif, s'enfuit où il peut devant la lutte, parce
qu'il a conquis pour son maître, au lieu d'une fiancée, un cadavre! Ne comprends-tu pas cette énigme? Interroge-le toi-
même, lui l'homme libre, demande-lui s'il osera approcher de
moi? Salut d'hommage, chastes attentions pour sa haute
dame, il oublie tout, le timide héros, de peur de rencontrer
son regard, le preux sans égal! Oh! il sait bien pourquoi!
Approche de l'orgueilleux, transmets-lui l'ordre de sa maîtresse : que, prêt à me servir, il s'empresse de venir près de moi.

BRANGŒNE.

Faut-il le prier de venir te saluer?

ISEULT.

Dis que je fais ordonner à mon vassal d'avoir la crainte de sa
maîtresse, moi, Iseult.

(Sur un signe de commandement d'Iseult, Brangœne s'éloigne, passe
    devant les marins qui travaillent, et traverse le pont jusqu'à la
    poupe. Iseult la suivant d'un œil immobile, recule vers le lit de
    repos, où elle reste assise pendant le dialogue qui suit, l'œil dirigé
    vers la poupe.)

KURWENAL, qui voit venir Brangœne, tire, sans se lever, Tristan
                    par son vêtement.

Prends garde, Tristan! un message d'Iseult.

TRISTAN, tressaillant.

Qu'est-ce? — Iseult?

(Il se remet promptement, lorsque Brangœne approche et s'incline devant lui.)

De ma maîtresse? Qu'a-t-elle chargé sa fidèle servante de faire savoir à son serviteur obéissant?

BRANGŒNE.

Messire Tristan, te voir, voilà ce que désire Iseult, ma dame.

TRISTAN.

Est-elle ennuyée de cette longue traversée? le voyage touche à sa fin; avant que le soleil ait disparu, nous serons à terre; que ce que me commande ma dame soit fidèlement accompli.

BRANGŒNE.

Que sire Tristan veuille donc venir près d'elle; telle est la volonté de ma maîtresse.

TRISTAN.

Là bas, où les plaines vertes se colorent encore aux yeux d'un voile d'azur, mon roi attend ma dame; pour la conduire à lui, je m'approcherai bientôt de sa gracieuse personne; je ne voudrais céder à aucun homme cette faveur.

BRANGŒNE.

Messire Tristan, écoute bien : ma dame réclame tes services, elle veut que tu viennes près d'elle sur l'heure, là-bas où elle t'attend.

TRISTAN.

En tout lieu où je me trouve, je sers, en gardien fidèle, le suprême honneur des femmes. Si j'abandonnais à cette heure le gouvernail, comment conduirais-je en sûreté le navire à la terre du roi Marke?

BRANGŒNE.

Tristan, mon sire, pourquoi te ris-tu de moi? Si tu ne trouves pas claires les paroles de la pauvre servante, écoute les paroles de ma maîtresse! Voici ce qu'elle m'a commandé de dire : dis que je fais ordonner à mon vassal d'avoir la crainte de sa maîtresse, moi, Iseult.

KURWENAL, se levant subitement.

Me permets-tu de répondre?

TRISTAN.

Quelle réponse ferais-tu?

KURWENAL.

Voici ce qu'elle doit dire à dame Iseult : Qui donne la couronne de Cornouailles et l'héritage d'Angleterre à la fille d'Irlande, ne peut être vassal de celle qu'il donne elle-même en présent à son oncle. Un dominateur du monde, Tristan le héros! Je le dis tout haut; et toi, dis-le, dussent s'en fâcher mille dames Iseults.

(Tandis que Tristan cherche par des gestes à le faire taire, et que Brangœne s'apprête à se retirer, Kurwenal chante avec force à la messagère qui s'éloigne en hésitant :)

« Sire Morold s'en alla sur la mer pour recueillir le tribut dans le Cornouailles; une île flotte sur la mer déserte; c'est là qu'il gît maintenant enterré : sa tête est pourtant suspendue dans la terre d'Irlande, c'est le tribut payé par l'Angleterre. Hé! notre seigneur Tristan! comment peut-il payer le tribut! »

(Kurwenal, réprimandé par Tristan, est descendu dans la cabine d'avant. Brangœne, revenue toute confuse auprès d'Iseult, laisse tomber derrière elle les tapisseries, tandis que dehors tout l'équipage reprend la fin de la chanson de Kurwenal.)

SCÈNE III

(Iseult se lève avec des gestes de colère et de désespoir.)

BRANGŒNE, se jetant à ses pieds.

O douleur! faut-il, hélas! supporter tout cela?

ISEULT, près de se livrer à une explosion terrible, se remet promptement.

Allons, la réponse de Tristan, je veux l'entendre exactement.

BRANGŒNE.

Ah! ne la demande pas.

ISEULT.

Parle librement, sans crainte.

BRANGŒNE.

Il a éludé ma demande avec des paroles courtoises.

ISEULT.

Mais quand tu lui as transmis mon ordre précis?

BRANGŒNE.

Quand je l'ai appelé auprès de toi sur-le-champ : « Partout où je me trouve, a-t-il dit, je sers en gardien fidèle le suprême honneur des femmes. Si j'abandonnais à cette heure le gouvernail, comment conduirais-je en sureté le navire à la terre du roi Marke ? »

ISEULT, avec amertume et douleur.

« Comment conduirait-il en sûreté le navire à la terre du roi Marke » — pour lui payer le tribut que le roi tirait d'Irlande ?

BRANGŒNE.

Lorsque je lui ai redit tes propres paroles, il a laissé son fidèle Kurwenal...

ISEULT.

Je l'ai bien entendu, lui ; pas une de ses paroles ne m'a échappé. Tu viens d'entendre leurs insultes ? écoute maintenant ce qui me les a attirées. Ils m'ont en riant chanté leurs chansons ; voici ce que je pourrais à mon tour leur répliquer : Dans une nacelle, chétive et pauvre, qui voguait aux rivages d'Irlande, un homme gisait desséché par la maladie, et se mourait misérablement. Il apprit à connaître l'art d'Iseult ; avec des huiles salutaires, des sucs balsamiques, elle soigna avec dévouement la blessure dont il souffrait. Dans sa rare prévoyance, il se nommait Tantris ; mais en lui Iseult eût bientôt reconnu Tristan ; car dans l'épée du malade, elle aperçut une brèche où s'ajustait exactement un fragment que dans la tête du chevalier irlandais, présent de dérision qu'on lui envoya autrefois, sa main savante avait découvert. Alors un cri s'éleva du plus profond de mon cœur ; l'épée étincelante à la main, j'étais debout devant lui pour venger sur l'impudent la mort de sire Morold. De son lit, il leva ses regards, non sur l'épée, non sur la main, il me regarda dans les yeux. J'eus pitié de sa misère ; l'épée, elle tomba de mes mains ; la blessure faite par Morold, je la guéris, afin que, revenu à la vie, il retournât à ses foyers, pour me délivrer du supplice de le voir.

BRANGŒNE.

Ô surprise ! où étaient mes yeux alors ? l'hôte que naguère j'aidai à soigner ?

ISEULT.

Tu viens d'entendre ses louanges : « Hé ! notre seigneur Tristan ! » C'est lui qui était cet objet de pitié. Il m'a juré avec mille serments reconnaissance et dévouement éternels. Écoute maintenant comment un héros tient ses serments. Ce Tantris que j'avais laissé partir inconnu, bientôt il revint audacieuse-ment sous son nom de Tristan ; sur un orgueilleux vaisseau de haut bord, il vint demander en mariage l'héritière d'Irlande, pour le roi décrépit de Cornouailles, pour Marke, son oncle. Quand Morold vivait, qui eût eu cette audace de nous proposer jamais une telle honte ? de venir, pour le prince des Cornouailliens tribu-taires, solliciter la couronne d'Irlande ? Malheur à moi ! C'est moi-même qui me suis secrètement attiré cet opprobre ! L'épée ven-geresse, ma main défaillante, au lieu de frapper, l'a laissé tom-ber. Maintenant je suis la servante de mon vassal.

BRANGŒNE.

Quand tous juraient ensemble paix, réconciliation, amitié, ce jour nous comblait tous de joie ; comment aurais-je deviné alors la douleur qu'il t'apprêtait ?

ISEULT.

Aveugles yeux, cœurs sans intelligence ! courage sans vigueur, lâche silence ! Comme il a proclamé en fanfaron, ce Tristan, le secret que j'ai tenu caché ! Celle dont le silence lui a donné la vie, l'a dérobé à la vengeance de l'ennemi, lui a assuré une protection et le salut, il l'a livrée avec ce secret. Enorgueilli de sa victoire, rayonnant de vie et de majesté, il a prononcé mon nom à haute voix : « Ce serait là un joyau, mon oncle et seigneur que vous semble de ce mariage ? Je vais chercher la belle Irlandaise ; les routes me sont bien connues, un signe de vous, et je vole en Irlande ; Iseult est à vous ; l'aventure sourit à ma pensée ! » Malédiction sur toi, infâme ! malédiction sur ta tête ! vengeance et mort ! mort à nous deux ! ~

BRANGŒNE, se précipitant sur Iseult avec une tendresse
impétueuse.

O ma douce et chère souveraine, ma maîtresse adorée, précieuse et bien-aimée Iseult ! écoute-moi, viens, repose-toi ici ! (Elle entraîne peu à peu Iseult vers le lit de repos.) Chasse ces folles idées, cette vaine colère ! Comment peut-tu enivrer tes sens au point de ne plus voir ni entendre ? Quelque dette que Tristan ait pu contracter envers toi, pouvait-il, dis-moi, la payer à plus haut prix qu'avec la plus splendide des couronnes ? Ainsi, il a servi fidèlement son noble parent, il t'a donné le plus enviable des biens du monde ; noble et sincère, il a renoncé à son propre héritage, et l'a déposé à tes pieds pour te saluer reine.

15.

(Iseult se détourne et Brangœne continue avec une tendresse de plus
en plus intime.)

Et s'il t'a demandé le roi Marke pour époux, en vain tu voudrais rabaisser son choix, ne doit-il pas te paraître un époux digne de toi? De race illustre, d'un cœur magnanime, a-t il son
égal en puissance et en éclat? Celui que sert fidèlement le plus
accompli des héros, qui ne désirerait partager son bonheur,
porter près de lui le titre d'épouse?

ISEULT, les regards vaguement fixés devant elle.

Le plus accompli des hommes, le voir toujours près de moi
sans amour, comment supporter un tel supplice !

BRANGŒNE.

Que dis-tu là, méchante? sans amour?

(Elle se rapproche encore d'elle, elle la flatte et la caresse.)

Où y aurait-il un homme qui pût ne pas t'aimer? qui pût
voir Iseult, et ne pas tomber pour elle dans une langueur délicieuse? D'ailleurs, celui qui t'a choisie fût-il glacé à ce point,
un charme le tînt-il éloigné de toi, je saurais enchaîner bientôt
sa malice ; je le soumettrais à la puissance de l'amour.

(Tout près d'Iseult, avec mystère et en confidence.)

Ne connais-tu plus les arts de ta mère? Crois-tu que ta mère,
dont la prudence ne laisse rien échapper, m'ait envoyée sans
dessein avec toi dans une terre étrangère?

ISEULT, sombre.

La sagesse de ma mère m'est un conseil ; salut et gloire à son
art ! Vengeance de la trahison, calme au cœur dans la détresse
Apporte-moi le coffret.

BRANGŒNE

Il recèle le secours que tu appelles.

(Elle va prendre un petit coffret d'or, l'ouvre et montre ce qu'il
contient.)

La mère elle-même les a disposés, les puissants breuvages magiques. Voici le baume pour les maladies et les blessures ; ici le
contre-poison pour les poisons funestes : le breuvage du salut,
le voici.

ISEULT.

Tu te trompes ; je le connais mieux que toi ; j'ai gravé sur le
flacon un signe profond : voici le breuvage qu'il me faut. (Elle
prend une petite fiole et la montre.)

BRANGŒNE, reculant avec épouvante.

Le breuvage de mort !

(Iseult s'est levée du lit de repos, et elle entend en ce moment avec
une terreur croissante le cri des matelots.)

Héha ! hohè ! à l'artimon, pliez la voile. Héha ! hohè !

ISEULT.

Ces cris indiquent une marche rapide. Malheur à moi ! nous
sommes près de terre !

SCÈNE IV

(Les tentures s'écartent, et Kurwenal paraît tout à coup.)

KURWENAL.

De la joie à cette heure ! Debout, debout, femmes ! apprêtez-vous, alertes, lestes et vives ! —(D'un ton plus posé.) Et à dame Iseult, je dois dire de la part du héros Tristan, mon seigneur : — Du haut du mât, le pavillon d'allégresse flotte gaiement du coté de la terre ; il annonce dans le château royal de Marke l'approche de dame Iseult ; qu'elle veuille donc bien se hâter, et s'apprêter à descendre à terre, afin qu'il l'accompagne au château.

ISEULT, après avoir frissonné aux premières paroles de Kurwenal, s'est remise et parle avec dignité.

Porte mon salut au seigneur Tristan, et transmets-lui ce que je vais dire : — Si je devais le suivre au palais du roi Marke, je ne le pourrais faire avec dignité sans qu'il m'eût apporté d'abord satisfaction de la dette qui pèse encore sur lui : qu'il vienne donc solliciter sa grâce.

(Kurwenal fait un geste de défi ; Iscult continue avec plus de force.)

Écoute bien, et rapporte mes paroles avec diligence. Je ne m'apprêterais pas à l'accompagner à terre, et je ne le suivrais pas devant le roi Marke, s'il ne venait d'abord demander oubli et pardon, comme il le doit, pour la faute qui pèse sur lui : celle-ci lui offrirait ma grâce.

KURWENAL.

N'en doutez pas, je vais lui porter vos paroles ; attendez à présent l'issue de mon message.

(Il se retire rapidement.)

ISEULT s'approche vivement de Brangœne et l'embrasse avec ardeur.

Maintenant, Brangœne, adieu ! salue pour moi le monde, salue mon père et ma mère !

BRANGŒNE.

Qu'y a-t-il? quel est ton dessein? voudrais-tu fuir? où faut-il te suivre?

ISEULT, remise en un instant.

N'as-tu pas entendu? Je reste ici; je veux attendre Tristan. Exécute fidèlement ce que je t'ordonne. Vite, apprête le breuvage de réconciliation, tu sais, celui que je t'ai montré.

BRANGŒNE.

Quel breuvage?

ISEULT, tire le flacon du coffret.

Celui-ci! vide-le dans la coupe d'or; pleine, elle peut contenir tout le breuvage.

BRANGŒNE, frappée d'épouvante en prenant le flacon.

En croirai-je mes sens?

ISEULT.

Obéis fidèlement.

BRANGŒNE.

Le breuvage pour qui?

ISEULT.

Pour qui m'a trompée.

BRANGŒNE.

Pour Tristan?

ISEULT.

Qu'il boive son châtiment.

BRANGŒNE, tombant aux pieds d'Iseult.

O terre! Malheureuse que je suis, prends pitié de moi!

ISEULT, avec emportement.

Aie pitié de moi, servante infidèle! — Ne connais-tu pas les arts de la mère? Crois-tu que la mère, dont la prudence ne laisse rien échapper, t'ait envoyée sans dessein avec moi dans une terre étrangère? Pour les maladies, les blessures, elle t'a donné un baume; pour les poisons funestes un contre-poison: pour les dernières souffrances, pour la suprême douleur — elle t'a donné le breuvage de mort.—Que maintenant la mort lui rende grâces!

BRANGŒNE, se soutenant à peine.

O souffrance extrême!

ISEULT.

M'entends-tu maintenant?

BRANGŒNE.

O suprême douleur!

ISEULT.

M'obéis-tu?

BRANGŒNE.

Le breuvage?

KURWENAL, soulevant la tapisserie par derrière.

Seigneur Tristan.

(Brangœne se lève éperdue et épouvantée.)

ISEULT fait un effort terrible pour se remettre.

Que le seigneur Tristan approche.

(Kurwenal se retire; Brangœne, presque anéantie, se tourne vers le fond. Iseult, rassemblant toutes ses forces pour la résolution suprême, marche lentement, avec majesté, vers le lit de repos. Elle s'appuie à l'extrémité, et ses yeux restent attachés à l'entrée de la tente.)

SCÈNE V

(Tristan paraît et s'arrête respectueusement à l'entrée; Iseult, en proie à une violente agitation, le regarde d'un œil rêveur.—Long silence.)

TRISTAN.

Que ma souveraine commande ce qu'elle désire.

ISEULT.

Peux-tu ne pas savoir ce que je désire, puisque la crainte de l'accomplir t'a retenu loin de ma vue?

TRISTAN.

C'est une crainte respectueuse qui m'a imposé cette réserve.

ISEULT.

Tu m'as rendu peu d'honneur; tu as refusé avec un dédain déclaré d'obéir à mon commandement.

TRISTAN.

L'obéissance seule a retenu mes pas.

ISEULT.

Je suis donc peu obligée à ton maître, si son service t'a permis cette violation de l'usage envers sa propre épouse.

TRISTAN.

Là où j'ai vécu, l'usage ordonne à qui a demandé une fiancée, de se tenir, en la conduisant à l'époux, loin de la fiancée.

ISEULT.

Pourquoi cette loi?

TRISTAN.

Demandez-le à l'usage!

ISEULT.

Puisque tu lui es si docile, seigneur Tristan, rappelle-toi maintenant une autre loi : c'est de te réconcilier avec ton ennemi, si tu veux qu'il fasse ton éloge en ami.

TRISTAN.

Avec quel ennemi?

ISEULT.

Demande-le à ta crainte! une dette de sang est entre nous.

TRISTAN.

Elle a été effacée.

ISEULT.

Non pas entre nous.

TRISTAN.

A la face du ciel, devant tout un peuple, a été prêté le serment d'oubli.

ISEULT.

Ce n'était pas là que je cachais Tantris, et que Tristan est tombé en mon pouvoir. Là il se dressait fier, majestueux, florissant: mais ce qu'il a juré, moi je ne l'ai pas juré : — j'avais appris à me taire. Lorsque dans la chambre silencieuse, il était gisant et malade, qu'il me vit muette et l'épée à la main, debout devant lui, alors j'imposai silence à mes lèvres, j'enchaînai ma main. Mais ce qu'autrefois ma main et mes lèvres avaient juré, je jurai en silence de le tenir. Je veux maintenant accomplir mon serment.

TRISTAN.

Que jurâtes-vous, dame ?

ISEULT.

Vengeance pour Morold.

TRISTAN.

Vous tient-elle au cœur ?

ISEULT.

Tu oses me railler encore ? — Il était mon fiancé, le noble héros d'Irlande; j'avais béni ses armes, c'est pour moi qu'il allait combattre. Quand il est tombé, mon honneur est tombé avec lui; dans l'angoisse de mon cœur, je fis le serment, si nul homme ne tirait l'expiation de sa mort, de l'entreprendre moi-même, pauvre fille.—Pourquoi lorsque, languissant et faible, tu étais en ma puissance, je ne frappai pas alors, je vais te le dire avec franchise : — Je te soignai blessé, afin que tu fusses frappé en pleine santé par le vengeur qui l'aurait emporté sur Iseult.

— Tu peux prononcer toi-même à présent sur ton sort : puisque tous les hommes sont réconciliés avec lui, qui doit à cette heure frapper Tristan?

TRISTAN, pâle et sombre.

Puisque Morold t'était si cher, reprends maintenant cette épée, et guide-la d'une main ferme et sûre, pour ne pas la laisser échapper.

(Il lui tend son épée.)

ISEULT.

Combien peu de respect j'aurais pour ton seigneur! que dirait le roi Marke, si je frappais à mort le meilleur de ses serviteurs, le plus fidèle de ses hommes, celui auquel il doit terre et couronne? L'Irlandaise que tu lui amènes pour fiancée, est-ce un don qui lui impose, à tes yeux, si peu de reconnaissance envers toi, qu'il pût me voir sans courroux donner la mort à celui qui lui a obtenu ma main, qui met si fidèlement en sa possession ce gage du serment d'oubli? Garde ton épée! Le jour où je la brandissais, tandis que la vengeance combattait dans mon cœur, que ton regard scrutateur, s'appropriant une image furtive de mes traits, demandait si j'étais l'épouse qu'il fallait à ton maître; cette épée, je la laissai tomber. Buvons à présent la coupe de la réconciliation.

(Elle fait un signe à Brangœne. Celle-ci frissonne convulsivement, chancelle et se meut avec hésitation. Iseult l'excite d'un geste plus impérieux. Tandis que Brangœne va apprêter le breuvage, on entend venir du dehors le cri des matelots :)

Hohé! hohé! au mât de hune pliez la voile! hohé! hohé!

TRISTAN, sort en tressaillant d'une rêverie sombre.

Où sommes-nous ?

ISEULT.

Tout près du but. Tristan, obtiendrai-je cette réconciliation ?
Que te reste-t-il à me dire ?

TRISTAN, sombre.

La maîtresse du silence m'invite au silence ; si j'ai compris
ce qu'elle a su taire, je tais ce qu'elle ne comprendrait pas.

ISEULT.

Si je comprends ton silence, tu éludes mon offre. Me re-
fuses-tu la réconciliation ?

(Nouveaux cris des matelots. Sur un signe impatient d'Iseult, Brangœne lui tend la coupe remplie. Iseult marche avec la coupe vers
Tristan dont les yeux se fixent sur les siens.)

Entends-tu ces cris ? Nous sommes au but : dans un instant
nous serons (d'un ton légèrement ironique) devant le roi Marke.
En me conduisant à lui, ne seras-tu pas heureux de pouvoir
lui dire : « Mon oncle et seigneur, regarde-la ! Tu ne saurais
trouver jamais plus douce femme. J'ai fait périr autrefois
son fiancé, je lui ai envoyé la tête du mort ; la blessure que
son épée m'avait faite, elle me l'a guérie gracieusement ; ma
vie était en sa puissance, elle me l'a donnée, la douce fille ; la
honte et l'humiliation de sa patrie, elle les a données par sur-
croît, et tout cela pour devenir ton épouse. Cette gracieuse
récompense de si grands bienfaits, je la dois toute à un doux
breuvage de réconciliation ; elle me l'a présenté de sa main
bienveillante pour effacer toute injure. »

CRIS DES MATELOTS, au dehors.

Levez les cordages! Jetez l'ancre!

TRISTAN, se levant impétueusement.

Détachez l'ancre! gouvernez d'avant! aux vents voiles et mât!

(Il prend vivement la coupe des mains d'Iseult.)

Je connais la reine d'Irlande et le magique pouvoir de ses enchantements; j'ai éprouvé le bienfait du baume qu'elle m'a donné; j'accepte cette coupe maintenant pour achever de guérir aujourd'hui. Écoute aussi, à ton tour, le serment que te fait ma reconnaissance. L'honneur de Tristan sera sa fidélité inviolable; le supplice de Tristan sera sa résistance héroïque. Piéges décevants du cœur, rêve du pressentiment! Unique adoucissement d'un deuil éternel, bienfaisante liqueur d'oubli, je te bois sans crainte.

(Il porte la coupe à ses lèvres et boit.)

ISEULT.

Encore une perfidie ici même? A moi la moitié!

(Elle lui arrache la coupe.)

C'est à toi, traître, que je la bois.

(Elle boit et jette la coupe loin d'elle. Tous deux, frissonnants, en proie à l'émotion intérieure la plus vive, mais immobiles, fixent l'un sur l'autre des regards, dont l'expression passe un instant du mépris de la mort au feu de l'amour. On les voit trembler; ils portent leurs mains à leur cœur convulsivement et le serrent avec force; ils reportent leurs mains à leur front, leurs yeux se recherchent de nouveau, puis s'abaissent remplis de trouble, et finissent par s'attacher l'un sur l'autre avec une passion croissante.)

ISEULT, d'une voix tremblante.

Tristan !

TRISTAN, avec effusion.

Iseult !

ISEULT, tombant dans ses bras.

Cruel ami !

TRISTAN, l'embrassant avec fureur.

Femme céleste !

(Ils restent silencieusement enlacés. On entend dans l'éloignement des trompettes et des clairons, et, hors de la tente, sur le navire, des cris d'hommes :)

Salut, salut au roi Marke ! roi Marke, salut !

BRANGŒNE, qui, détournant son visage, se tenait appuyée, pleine de terreur et de trouble, sur le bord du navire, porte ses regards sur Tristan et Iseult, perdus dans un embrassement passionné ; puis elle se précipite, se tordant les mains de désespoir, sur le devant de la scène.)

C'en est fait ! c'en est fait ! des souffrances éternelles, inéluctables, au lieu d'une mort rapide ! Fidélité insensée, dont l'œuvre trompeuse et fatale va s'épanouir maintenant.

(Tristan et Iseult tressaillent, et se dégagent, tout éperdus, de leur embrassement.)

TRISTAN.

Quel rêve d'honneur faisais-je donc pour Tristan ?

ISEULT.

Quel rêve de honte faisais-je donc pour Iseult ?

TRISTAN.

N'étais-tu pas perdue pour moi ?

ISEULT.

Ne m'avais-tu pas repoussée ?

TRISTAN.

Effets perfides d'un charme menteur !

ISEULT.

Vaines menaces d'une colère insensée !

TRISTAN.

Iseult !

ISEULT.

Tristan ! mon héros bien-aimé !

TRISTAN.

Ma maîtresse adorée !

TOUS DEUX.

Mon cœur bouillonne et s'élève ! Tous mes sens frémissent de plaisir ! Rapides floraisons des tendres désirs ! céleste flamme des langueurs d'amour ! tumultueux délire qui déborde en mon sein ! Iseult ! Tristan ! Tristan ! Iseult ! Affranchi du monde, je te possède donc, toi qui seule remplis mon âme, suprême volupté d'amour !

(Les tentures s'ouvrent dans toute leur largeur. Le navire est tout rempli de chevaliers et de gens de mer, qui, par-dessus le bord, font, du côté du rivage, des signes d'allégresse. On aperçoit à peu de distance un roc que couronne un château élevé.)

BRANGŒNE, aux femmes, qui, sur un signe qu'elle leur fait,
sortent de l'intérieur du navire.

Vite le manteau, la parure royale !

(Elle se précipite entre Tristan et Iseult.)

Malheureux ! revenez à vous ! voyez où nous sommes.

(Sans qu'Iseult s'en aperçoive, elle la couvre du manteau royal. — Du
côté de la terre arrive, de plus en plus clair, le son des clairons.)

TOUS LES HOMMES.

Salut ! salut au roi Marke ! roi Marke, salut !

KURWENAL, s'avançant vivement.

Salut, Tristan ! heureux héros ! Voici qu'une barque approche,
portant le roi Marke avec sa cour brillante. Le voyez-vous comme
il vogue joyeusement, pour offrir son hommage à la fiancée ?

TRISTAN, levant un regard plein de trouble,

Qui approche ?

KURWENAL.

Le roi.

TRISTAN.

Quel roi ?

LES HOMMES.

Salut, roi Marke !

(Tristan tourne vers la terre des yeux fixes et sans pensée.)

ISEULT, troublée, à Brangœne.

Qu'y a-t-il ? Brangœne, quels sont ces cris ?

BRANGŒNE.

Iseult ! ma souveraine, maîtrisez-vous en ce moment !

ISEULT.

Où suis-je ? Suis-je vivante ? Ha ! quelle liqueur m'as-tu donnée ?

BRANGŒNE, avec désespoir.

La liqueur d'amour.

ISEULT regarde Tristan avec terreur.

Tristan !

TRISTAN.

Iseult !

ISEULT.

Faut-il vivre ?

(Elle tombe évanouie dans ses bras.)

BRANGŒNE, aux femmes.

Secourez la reine !

TRISTAN.

O délices perfides ! ô bonheur consacré par la malice !

LES HOMMES.

Salut au roi ! salut à Cornouailles !

(Quelques-uns ont sauté par-dessus le bord ; d'autres ont disposé un pont, et tous indiquent, par leur attitude, l'arrivée prochaine de ceux qu'on attend lorsque le rideau tombe rapidement.)

FIN DU PREMIER ACTE

ACTE DEUXIÈME

Jardins plantés de grands arbres, devant l'appartement d'Iseult, auquel conduisent des degrés placés de côté. Une nuit d'été claire et magnifique. Près de la porte ouverte est attachée une torche allumée. Fanfares de chasse. Brangœne, sur les degrés de l'appartement prête l'oreille aux bruits de la chasse, qui vont s'éloignant. Iseult sort de l'appartement tout agitée, et s'approche de Brangœne.

SCÈNE PREMIÈRE

ISEULT.

Les entends-tu encore? Il me semble que le bruit s'est déjà éteint dans le lointain.

BRANGŒNE.

Ils sont encore tout près : les sons s'entendent distinctement par ici.

ISEULT, écoutant.

La crainte, l'inquiétude égarent ton oreille; ce qui te trompe. c'est le murmure du feuillage, que le vent agite en se jouant.

BRANGŒNE.

Ce qui te trompe, c'est ton désir emporté d'entendre ce qui
occupe ta pensée ; j'entends le son des cors.

ISEULT , prêtant l'oreille de nouveau.

Ces sons si doux ne sont pas ceux du cor. C'est le suave
murmure de la source qui roule de ce côté ses ondes charmantes ; comment l'entendrais-je, si les cors résonnaient toujours ?
Dans la nuit silencieuse, la source seule me rit. Dis-tu que les
cors retentissent tout près encore, pour tenir loin de moi celui
qui m'attend dans la nuit silencieuse ?

BRANGŒNE.

Celui qui t'attend, oh ! écoute cet avertissement ! l'œil de l'ennemi l'épie à l'heure de la nuit. Parce que tu es aveugle, crois-
tu que le monde entier le soit aussi pour vous ? Lorsque à bord du
navire la main tremblante de Tristan remit au roi Marke la pâle
fiancée, se soutenant à peine, tandis que tous les yeux aperce-
vaient avec confusion vos pas hésitants, le bon roi, avec une douce
sollicitude, plaignait tout haut les fatigues d'une longue traversée, que tu venais de supporter ; il y en eut un seul, je le re-
marquai bien, dont les yeux n'étaient attachés que sur Tristan ;
avec le regard perçant de sa ruse, il cherchait malignement dans
ses traits un signe qui lui fût une arme. Souvent je le rencontre,
épiant perfidement ; il ourdit en secret une trame autour de vous ;
prenez garde à Melot.

ISEULT.

C'est de sire Melot que tu veux parler ? Quelle erreur est la

tienne! N'est-il pas le plus fidèle ami de Tristan? Quand mon bien-
aimé ne peut être près de moi, on ne le trouve alors qu'avec
Melot.

BRANGŒNE.

Ce qui le rend suspect à mes yeux, est ce qui le rend cher
aux tiens. Melot va de Tristan à Marke; il sème ici de mau-
vaises semences. Cette chasse nocturne, qu'aujourd'hui même
ils ont décidée si promptement dans le conseil, réserve une proie,
plus noble que ne le croit ton cœur aveugle, à la ruse des
chasseurs.

ISEULT.

C'est par pitié pour un ami trop cher que l'amitié de Melot a
imaginé cette ruse; veux-tu maintenant outrager sa fidélité?
Il m'est plus dévoué que toi-même; il aplanit à son ami les
chemins que tu me fermes. Épargne-moi, je t'en prie, le supplice de l'attente! Le signal, Brangœne! oh! donne le signal!
Éteins la dernière lueur du flambeau! Invite la nuit à abaisser
tout à fait ses voiles! Déjà elle a versé son silence sur les bois
et les prairies; déjà elle remplit le cœur d'un frisson délicieux;
éteins donc le flambeau maintenant. Éteins la lueur qui le tient
loin de moi! introduis mon bien-aimé!

BRANGŒNE.

Oh! laisse luire la torche protectrice! laisse-la te montrer le
péril! O désespoir! infortunée que je suis! liqueur fatale!
Faut-il qu'une fois infidèle, j'aie trahi une seule fois ta volonté
souveraine! Si j'avais obéi avec une docilité aveugle, la mort
alors était ton œuvre, à toi; mais ton opprobre, ta honteuse

misère, c'est mon œuvre, le crime qu'il faut porter dans mon âme.

ISEULT.

Ton œuvre, à toi, jeune insensée? Ne connais-tu pas dame Minne [1]? Ne connais-tu pas les miracles de sa puissance? Reine au cœur intrépide, régulatrice de la création des mondes, la vie et la mort lui sont soumises; elle les tisse de plaisir et de douleur, transformant la haine en amour. Ma main téméraire s'était chargée de l'œuvre de mort, dame Minne l'a soustraite à ma puissance. Elle a pris pour otage celle qui était vouée à la mort; elle a voulu de sa main couronner l'œuvre; elle peut préparer l'issue, amener la fin, me choisir le sort, me conduire au terme qu'elle voudra, je suis devenue sa vassale : laisse-moi donc me montrer maintenant obéissante.

BRANGŒNE.

Si le perfide breuvage de l'amour devait éteindre en toi la lumière de l'esprit; si tu ne peux plus comprendre mes avertissements, pour aujourd'hui seulement, écoute, oh! écoute ma voix suppliante! Cette lumière qui éclaire le péril, cette torche, pour aujourd'hui! aujourd'hui seulement! je t'en prie, ne l'éteins pas.

ISEULT s'approche précipitamment de la torche et la saisit.

Celle qui attise le feu dans mon sein, qui fait brûler mon cœur, qui me rit comme le jour de l'âme, dame Minne veut

---

[1] *Minne* est un des noms que porte en allemand la déesse de l'amour. On connaît les *Minnesœnger*.

que la nuit se fasse, afin de resplendir là-haut, où ta lumière
l'effarouche. Et toi, à ton poste! veille fidèlement. Les lumières,
fût-ce celle de ma vie, je les éteins en riant, et sans crainte.

(Elle a enlevé la torche, et l'a éteinte sur le sol. Brangœne se détourne
   consternée, pour monter sur la plate-forme de la maison par un
   escalier extérieur, où elle disparaît lentement.)

SCÈNE II

(Iseult regarde, pleine d'attente, dans une avenue. Elle fait un signe. Ses
   gestes de ravissement annoncent qu'elle a vu de loin venir son ami.
   Son impatience atteint le plus haut degré. — Tristan entre impétueusement; elle vole à sa rencontre avec un cri de joie. Embrassement
   passionné.)

TRISTAN.

Iseult! ma bien-aimée!

ISEULT.

Tristan! mon bien-aimé!

ISEULT et **TRISTAN,** chantant ensemble.

Tu es donc à moi? te possédé-je, et puis-je te presser? Est-
il bien vrai? Enfin, enfin, sur mon cœur! Est-ce toi, est-ce bien
toi que je sens? sont-ce bien tes yeux, tes lèvres? est-ce là ta
main? est-ce là ton cœur? Est-ce bien moi? Est-ce bien toi?
ne vas-tu pas m'échapper? N'est-ce pas une illusion, un rêve?

O délices de l'âme? O douce, auguste, invincible, superbe et céleste volupté ! Volupté sans égale, sans limite, sans mesure et sans terme ! Volupté éternelle, volupté infinie et sublime, que nul cœur jamais n'a connue ni pressentie ! Ivresse de la joie, extase du bonheur, ravissement loin des mondes, dans les hauteurs du ciel ! A moi Tristan ! A moi Iseult ! Ma vie et ta vie, unies pour toujours, unies pour l'éternité !

ISEULT.

Que de siècles depuis que nous sommes séparés ! Quelle séparation pendant tant de siècles !

TRISTAN.

Si loin, quand nous étions si près ! Si près, et pourtant si loin !

ISEULT.

O ennemie de ceux qui aiment, distance maudite ! ô mortelle lenteur du temps paresseux !

TRISTAN.

O distance et proximité ! irréconciliables adversaires ! Proximité charmante, morne distance !

ISEULT.

Toi dans les ténèbres, et moi dans la lumière !

TRISTAN.

Que de temps elle a duré, cette lumière, avant de s'éteindre !

Le soleil s'abaissait, le jour passait, mais sans étouffer sa lueur envieuse : il allume son signal abhorré, il l'attache à la porte de la bien-aimée, pour m'empêcher de voler près d'elle.

ISEULT.

Mais la main de la bien-aimée a éteint la lumière. Ma suivante craintive voulait m'arrêter, ses avis ne m'ont pas effrayée ; sous l'empire protecteur de dame Minne, j'ai défié le jour.

TRISTAN.

Au jour, au jour perfide, au jour implacable et hostile, haine et anathème ! Si je pouvais, pour venger les souffrances de l'amour, éteindre les lumières du jour, comme tu as éteint cette lumière ! Est-il une douleur, est-il une peine que n'éveillent pas ses rayons ? Même dans l'obscure splendeur de la nuit ma bien-aimée l'entretient près de sa demeure, et le tend vers moi comme une menace.

ISEULT.

Si la bien-aimée l'entretient près de sa demeure, c'était dans son cœur même qu'avec arrogance l'entretenait naguère, clair et menaçant, mon bien-aimé, Tristan, qui m'avait trahie. N'était-ce pas le jour qui mentait en lui, lorsqu'il vint en Irlande solliciter ma main pour le roi Marke, pour vouer à la mort la fidèle ?

TRISTAN.

C'est le jour, c'est le jour qui, t'enveloppant de ses rayons, me dérobait Iseult, et la portait, afin qu'elle ressemblât au so-

leil, dans la splendeur et la lumière des honneurs souverains !
Ce qui éblouissait mes yeux, opprimait, écrasait en même temps
mon cœur : à la lueur des rayons du jour, comment Iseult
pouvait-elle être à moi?

ISEULT.

Si elle ne pouvait être à toi, celle qui t'avait choisi, par quel
mensonge t'abusait donc le jour pervers, pour que tu livrasses
toi-même la bien-aimée qui devait être ton partage?

TRISTAN.

Ce qui t'entourait d'une splendeur auguste, l'auréole de l'honneur, la puissance de la gloire, le délire qui m'a subjugué, m'a
fait y suspendre mon cœur. L'astre dont les reflets éblouissants
illuminaient mes tempes de leur éclat, le brillant soleil des honneurs mondains me pénétra le front, insinuant jusqu'au sanctuaire le plus reculé de mon cœur les vaines délices de ses
rayons. Ce qui veillait obscurément enfermé là dans une chaste
nuit, ce que, sans le savoir, sans y penser, j'avais conçu dans
l'ombre, une image que mes yeux ne croyaient jamais contempler, — frappée de la lumière du jour, elle se montrait sans
voiles, étincelante à ma vue. Cette auguste et glorieuse image,
je la vantai à haute voix devant tout le monde; je louai tout
haut, devant le peuple, la plus royale fiancée que portât la terre.
La haine que le jour m'avait attirée, l'ambition que mon bonheur effarouchait, la défaveur qui commençait à porter atteinte
à mes honneurs et à ma gloire, je défiai tout; et je résolus dans
ma loyauté, pour conserver honneur et gloire, d'aller en Irlande.

ISEULT.

O vain esclave du jour ! — Trompée par celui qui te trompait,
combien mon amour dut-il souffrir pour toi, pour toi qu'entouré
de l'éclat menteur du jour, baigné de ses fausses lueurs, dans
le fond de ce cœur, où t'enveloppait un ardent amour, je haïssais
sans détour! Combien dans l'abîme de ce cœur saignait profon ·
dément la blessure! Celui que j'y cachais mystérieusement,
combien me parut-il digne de sa haine, quand l'unique, auquel
j'y avais consacré un culte fidèle, disparut dans la lumière du
jour, et que je n'eus plus devant moi qu'un ennemi. Cette lumière, qui me montrait un traître en toi, je voulus la fuir, t'entraîner avec moi là-bas dans la nuit profonde, où mon cœur me
promettait la fin de ce mensonge, où devait se dissiper le voile
pressenti de l'illusion. Pour boire là-bas à ton honneur la coupe
de l'éternel amour, avec moi je voulais te consacrer sur le même
autel à la mort.

TRISTAN.

La douce mort dans ta main! quand je la reconnus, offerte
par toi, quand la voix secrète montra, splendide et assuré, le
prix que me promettait la réconciliation, alors reluisit dans mon
sein, dans sa majesté et sa puissance, le doux crépuscule de la
nuit; mon jour était accompli.

ISEULT.

Mais, hélas! le perfide breuvage t'a trahi, tu as vu la nuit s'é-
vanouir de nouveau; tu ne voulais que la mort, il t'a rendu au
jour.

TRISTAN.

Béni soit ce breuvage! bénis soient ses sucs magiques et leur puissance auguste! Sur le seuil de la mort, où il m'a été versé, il m'a laissé voir à portes ouvertes l'empire fortuné de la nuit, que je n'avais fait jusque-là qu'entrevoir en songe. De l'image qui repose dans le secret sanctuaire de mon cœur, il a chassé les lueurs décevantes du jour, et mon œil voyant dans la nuit a pu contempler cette image dans sa vérité.

ISEULT.

Il s'est vengé pourtant, le jour vaincu; il a conspiré avec tes fautes : ce que la nuit t'avait révélé dans son crépuscule, il a fallu le livrer à la puissance royale du jour pour y vivre et briller dans de mornes splendeurs.—Comment l'ai-je pu, comment le puis-je supporter encore?

TRISTAN.

Oh! alors nous étions déjà consacrés à la nuit : le jour sournois et prompt à la haine pouvait nous séparer par ses artifices, mais non plus nous tromper par son mensonge. De son vain éclat, de sa lueur hautaine se rient les regards que la nuit a consacrés; sa vacillante lumière n'aveugle plus nos yeux de ses éclairs passagers. Pour qui a retrouvé avec amour la nuit de la mort, pour qui son profond mystère est devenu familier, les mensonges du jour, gloire et honneur, puissance et richesse, malgré leur éclat imposant, sont déjà dissipés comme une subtile poussière de soleil. C'en est fait de l'illusion du dévouement et de l'amitié pour l'ami le plus dévoué quand il a regardé dans

la nuit de l'amour, quand s'est révélé à lui son profond mystère. Au milieu des vaines erreurs du jour, un seul désir lui
reste, une ardente aspiration vers cette nuit sainte, où l'éternelle, l'unique vérité, la volupté d'aimer lui soûrit.

ISEULT et TRISTAN, s'asseyant sur un banc de fleurs et s'étreignant
avec une ardeur de plus en plus profonde, et chantant ensemble.

Descends sur nous, nuit de l'amour, donne-moi l'oubli de la
vie, recueille-moi dans ton sein, affranchis-moi de l'univers.
Voici que s'éteignent les dernières lumières ; ce que nous avons
pensé, ce que nous avons cru voir, les souvenirs et les images
des choses, les restes de l'illusion, l'auguste pressentiment des
saintes ténèbres éteint tout cela en nous affranchissant du monde.
Dès que le soleil s'est retiré dans notre sein, les étoiles de la
félicité épandent leur riante lumière. Doucement enveloppé par
ta magie, fondu par le feu suave de tes yeux, mon cœur sur ton
cœur, mes lèvres sur tes lèvres, unis par un même souffle, mon
regard s'éteint aveuglé par la volupté, le monde et ses fascina-
tions pâlissent, le monde que le jour éclaire de sa lueur trompeuse, le monde, spectre décevant que le jour place devant moi ;
et c'est moi-même qui suis le monde. Vie sainte d'amour, auguste
création de volupté, désir délicieux de l'éternel sommeil sans
apparence et sans réveil.

(Leurs têtes se renversent en arrière dans un long
et muet embrassement.)

BRANGŒNE ; on l'entend, sans la voir, du haut de la plate-forme.

Solitaire, je veille pendant la nuit. Vous à qui rit le rêve d'a-
mour, prenez garde à une voix qui avertit du péril les dormeurs,

qui les appelle prudemment au réveil. Prenez garde ! prenez garde !
bientôt la nuit aura fui.

ISEULT, doucement.

Écoute, mon bien-aimé !

TRISTAN, de même.

Laisse-moi mourir.

ISEULT.

Fâcheux réveil !

TRISTAN.

Ne me réveiller jamais !

ISEULT.

Il faut pourtant que le jour réveille Tristan !

TRISTAN.

Laisse la mort vaincre le jour.

ISEULT.

Le jour et la mort devraient-ils, par des coups réunis, porter
atteinte à notre amour ?

TRISTAN.

A notre amour ? à l'amour de Tristan ? à l'amour d'Iseult ?
Quelle mort pourrait jamais l'effleurer ? La verrais-je devant
moi, la puissante Mort, la verrais-je menacer ma vie, cette vie
que j'immolerais avec tant de joie à l'amour ! Comment ses coups

atteindraient-ils jusqu'à notre amour! Dussé-je, à cette heure, mourir pour l'amour (mort chère à mon cœur!), comment l'amour pourrait-il mourir avec moi? comment pourrait finir avec la mienne son éternelle vie? Et si l'amour de Tristan ne peut mourir, comment Tristan lui-même mourrait-il pour son amour?

ISEULT.

Mais notre amour ne s'appelle-t-il pas Tristan et Iseult? Cette syllabe charmante, cet *et*, ce lien d'amour ne serait-il pas, si Tristan mourait, anéanti par la mort?

TRISTAN.

Qu'est-ce qui succomberait à la mort sinon ce qui nous sépare, ce qui empêche Tristan d'aimer Iseult toujours, de vivre pour elle seule éternellement?

ISEULT.

Et si cette syllabe « *et* » était anéantie, la mort de Tristan ne serait-ce pas la mort même d'Iseult?

TRISTAN.

Alors nous serions morts inséparés, unis à jamais, sans fin, sans réveil, sans crainte, sans nom dans le sein de l'amour, livrés tout à nous-mêmes, ne vivant plus que pour l'amour.

ISEULT.

Ainsi nous serions morts pour être inséparés?

TRISTAN.

Unis à jamais.

ISEULT.

Sans fin?

TRISTAN.

Sans réveil.

ISEULT.

Sans crainte ?

TRISTAN.

Confondus sans nom dans le sein de l'amour.

ISEULT.

Livrés tout à nous-mêmes, ne vivant plus que pour l'amour?

BRANGŒNE, comme précédemment.

Prenez garde! prenez garde! voici que la nuit cède au jour.

TRISTAN.

Faut-il écouter ?

ISEULT.

Laisse-moi mourir!

TRISTAN.

Faut-il m'éveiller ?

ISEULT.

Ne me réveiller jamais!

TRISTAN.

Le jour doit-il encore éveiller Tristan?

ISEULT.

Laisse la mort vaincre le jour!

TRISTAN.

Nous braverons donc les menaces du jour?

ISEULT.

Pour fuir à jamais ses mensonges.

TRISTAN.

Les heures de son crépuscule ne nous importuneront donc
plus jamais?

ISEULT.

Que la nuit nous enveloppe à jamais!

TOUS DEUX.

O douce nuit! éternelle nuit! nuit d'amour, auguste et sublime! Celui que tu as bercé, celui à qui tu as souri peut-il
voir sans terreurs approcher le réveil? Chasse maintenant les
terreurs, mort amie, mort d'amour ardemment invoquée! Dans
tes bras, livrés à toi, échauffés de ton souffle sacré, affranchis

des misères du réveil. Comment le comprendre? Comment se refuser ces délices, loin du soleil, loin du jour et des cruelles séparations qu'il amène? Une douce aspiration sans ombres décevantes, de suaves désirs sans angoisses; un trépas auguste sans soupir; un évanouissement sans langueurs; plus de séparations, plus de fuites, une douce solitude dans un chez-soi éternel, l'ivresse d'un long rêve dans des espaces sans limites. Moi, Iseult, toi, Tristan; je ne suis plus Tristan et tu n'es plus Iseult; plus de noms qui séparent, une reconnaissance nouvelle, une flamme nouvelle qui s'allume; une seule âme et une seule pensée pour la durée de l'éternité; un cœur tout en feu dans la suprême volupté d'amour!

(On entend un cri de Brangœne, et en même temps un cliquetis d'armes. Kurwenal entre impétueusement, le dos tourné, et brandissant son épée.)

KURWENAL.

Sauve-toi, Tristan!

(Derrière lui viennent aussitôt, très-animés, à pas précipités, Marke, Melot, et plusieurs courtisans qui s'arrêtent de côté en face des amants; ils attachent leurs yeux sur ceux-ci avec des mouvements divers. Brangœne descend en même temps de la plate-forme et accourt près d'Iseult. Celle-ci, dans un mouvement de pudeur involontaire, s'appuie, en détournant le visage, sur le banc de fleurs. Tristan, par un mouvement pareillement involontaire, lève le bras et étend son manteau, de sorte qu'Iseult est dérobée aux regards des arrivants. Il reste quelque temps dans cette attitude, immobile et les regards attachés sur les autres personnages. Le jour commence à poindre.)

TRISTAN, après un assez long silence.

Le triste jour; pour la dernière fois!

MELOT, à Marke qui reste frappé d'une stupéfaction muette.

Parle, seigneur, ai-je eu tort de l'accuser? de hasarder ma tête en te la donnant pour gage? Je t'ai montré sa perfidie à découvert; j'ai fidèlement préservé de l'opprobre ton nom et ton honneur.

MARKE, d'une voix tremblante.

Crois-tu vraiment l'avoir fait? Regarde-le le fidèle des fidèles; regarde-le l'ami des amis: par l'acte le plus libre de sa fidélité il a atteint mon cœur de la plus odieuse trahison. Si Tristan me trompait, devais-je espérer que le mal que m'a fait sa perfidie fût loyalement réparé par le conseil de Melot?

TRISTAN, avec une vivacité convulsive.

Spectres du jour! songes du matin, décevants et sinistres, dissipez-vous, fuyez!

MARKE, avec une émotion profonde.

A moi ce discours? à moi ces mots, ô Tristan? Qu'est devenue la fidélité, puisque Tristan m'a trompé? Que sont devenus l'honneur et la loyauté, puisque l'asile de tout honneur, Tristan, l'a perdu? Toi qui avais pris Tristan pour bouclier, où t'es-tu retirée, ô vertu, puisque tu fuis mon ami, puisque Tristan me trahit?

(Silence. — Tristan baisse lentement les yeux vers la terre; son air et son attitude expriment, pendant que Marke poursuit, une tristesse croissante.)

A quoi bon les services sans nombre que tu m'as rendus, l'honneur et la gloire, la grandeur et la puissance que tu m'as conquis, si honneur et gloire, grandeur et puissance, et tous tes services devaient être vendus au prix de l'honneur de Marke? Sa reconnaissance t'a-t-elle paru mériter des dédains, lorsque, ce que tu lui avais conquis, gloire et royaume, il t'a tout légué pour patrimoine et pour héritage? Après avoir vu dès longtemps mourir sa femme sans héritier, Marke t'aimait à ce point de n'en vouloir pas prendre une nouvelle. Tout le peuple, courtisans et sujets, le pressaient, avec supplications et menaces, d'élire au royaume une reine, à lui-même une épouse; toi-même tu conjurais ton oncle de satisfaire par bonté le vœu de la cour, la volonté du peuple; fort contre la cour et le peuple, fort contre toi-même, il enveloppait d'artifices ses refus généreux, jusqu'à l'heure où tu le menaças d'abandonner pour toujours ma cour et mon royaume, si tu n'étais envoyé toi-même pour chercher au roi une fiancée. C'est alors seulement qu'il te laissa faire... Cette merveilleuse beauté, que m'avait conquise ton courage, qui pouvait la voir, la connaître, la nommer sienne avec orgueil, sans vanter son bonheur? Celle dont ma pensée n'osa jamais approcher, à laquelle mes désirs renoncèrent par un pieux respect, dont la grâce sublime et souveraine devait rafraîchir mon âme, la royale fiancée, tu me la présentas, malgré périls et ennemis. Maintenant que tu m'avais, par la possession d'un tel trésor, fait un cœur plus sensible qu'il ne l'était naguère à la douleur, que tu en avais touché la

fibre la plus accessible, la plus délicate, la plus tendre, de façon
à bannir tout espoir de guérison, pourquoi m'avoir, infortuné,
fait à cette fibre une si cuisante blessure? me l'avoir faite avec
une arme dont le poison cruel me brûle et me dévore l'esprit
et le cerveau, étouffe en moi l'amitié fidèle, remplit de soupçon
mon cœur confiant, m'amène à me glisser secrètement, dans
l'ombre de la nuit, pour t'épier, à voir périr à jamais mon
honneur ? Pourquoi m'avoir préparé cet enfer, dont nul ciel ne
peut me racheter? pourquoi m'avoir couvert de cette honte que
nul supplice ne peut expier? Ce mystérieux abîme plein de
terreurs insondables, qui peut en dévoiler au monde la profondeur ?

TRISTAN, élevant vers Marke des yeux remplis de pitié.

O roi, le secret, je ne puis te le dire ; ce que tu demandes,
tu ne le sauras jamais.

(Il se tourne à demi vers Iseult, qui vient d'ouvrir les yeux et semble
l'implorer.)

Tristan va partir maintenant, veux-tu le suivre, Iseult? Sur
la contrée où Tristan veut aller ne luit pas la lumière du soleil ;
c'est la contrée ténébreuse, le pays de la nuit, d'où ma mère
autrefois m'envoya, lorsque, conçu par elle dans la mort, je
vins dans la mort à la lumière. Ce qui était, quand elle m'en-
fanta, son asile d'amour, l'empire merveilleux de la nuit, du
sein de laquelle je m'éveillai au jour, voilà ce que t'offre Tristan, c'est là qu'il te précède. Si Iseult veut le suivre, douce et
fidèle, qu'elle le lui dise à cette heure!

ISEULT.

Lorsque naguère mon ami lui demanda de le suivre dans une terre étrangère, il fallut que, douce et fidèle, Iseult le suivît, maître impérieux. C'est maintenant dans ton propre domaine que tu me conduis pour me montrer ton héritage. Comment fuirai-je bien la terre, que mesure toute l'étendue du monde? Où est l'asile et le foyer de Tristan, c'est là que veut aller Iseult; elle veut le suivre douce et fidèle : il n'a plus qu'à lui montrer la route.

(Tristan la baise doucement au front.)

MELOT, bondissant de rage.

Ah! traître! à la vengeance, roi! souffriras-tu cette honte?

TRISTAN tire son épée et se tourne brusquement.

Qui ose risquer sa vie contre la mienne?

(Il attache ses regards sur Melot.)

Cet homme était mon ami; il m'entourait de flatteries et de caresses; nul ne s'inquiétait comme lui de mon honneur et de ma renommée. Il attisait dans mon cœur la présomption; il était à la tête de ceux qui me pressèrent d'augmenter mon honneur et ma gloire, de conquérir au roi ta main. — Lui aussi, ta vue l'a ébloui, Iseult; par jalousie, mon ami m'a trahi au roi, que moi aussi je trahissais. — Défends-toi, Melot!

(Il fond sur lui; Melot se met en garde; Tristan laisse tomber son épée et s'affaisse, blessé, dans les bras de Kurwenal. Iseult se précipite sur son sein. Marke retient Melot. — Le rideau tombe rapidement.)

FIN DU DEUXIÈME ACTE

ACTE TROISIÈME

Les jardins d'un burg. — D'un côté, les hautes murailles de l'édifice ; de l'autre, un parapet peu élevé, et au milieu une tour d'observation. Au fond, la porte du burg. Le burg est censé situé sur le haut d'un rocher ; à travers les embrasures on aperçoit la mer qui s'étend jusqu'à l'horizon. L'ensemble a l'aspect d'un château depuis longtemps délaissé, mal soigné ; çà et là des pierres écroulées et des broussailles. — Sur le devant de la scène, d'un côté, Tristan est couché à l'ombre d'un grand tilleul ; il dort sur un lit de repos ; on le dirait étendu sans vie. A son chevet est assis Kurwenal, courbé sur lui avec douleur, et épiant son souffle avec inquiétude. — Au lever du rideau, on entend du dehors une mélodie de berger, pleine de langueur et de tristesse, jouée sur un chalumeau. Enfin le berger paraît lui-même à mi-corps au-dessus du parapet, et regarde dans la cour avec intérêt.

SCÈNE PREMIÈRE

LE BERGER, doucement.

Kurwenal ! hé ! — Holà, Kurwenal ! écoute donc, l'ami !

(Kurwenal tourne la tête vers lui.)

N'est-il pas encore éveillé ?

KURWENAL, secouant la tête avec tristesse.

S'il s'éveillait, ce ne serait que pour nous quitter à jamais, à moins que n'ait paru auparavant la main salutaire, la seule main qui peut nous secourir. N'as-tu encore rien vu? pas un navire sur la mer?

LE BERGER.

Tu aurais entendu une autre mélodie, la plus joyeuse que je sache. Parle-moi franchement à ton tour, vieil ami; qu'est-il arrivé à notre seigneur?

KURWENAL.

Ne le demande pas; tu ne pourras jamais le savoir. Veille assidûment, et si tu vois le navire, joue alors un air vif et joyeux.

LE BERGER, se tournant, et regardant au loin la main sur ses yeux.

Déserte et vide est la mer !

(Il embouche son chalumeau, et disparaît en jouant ; à quelque distance, on entend encore un instant la mélodie.)

TRISTAN, après un long silence, sans remuer, d'une voix sourde.

La vieille mélodie. Qu'est-ce qui m'éveille?

(Ouvrant les yeux, et tournant la tête.)

Où suis-je?

KURWENAL; il a tressailli avec effroi, il prête l'oreille et observe.

Ha!... la voix ! sa voix !... Tristan! seigneur! mon héros ! mon Tristan !

TRISTAN.

Qui m'appelle ?

KURWENAL.

Enfin ! enfin ! Il vit ! la vie, la douce vie, rendue à mon Tristan !

TRISTAN, se dressant un peu sur le lit.

Kurwenal... est-ce toi ... Où ... suis-je ?... où ... étais-je ?

KURWENAL.

A Kareol, seigneur ; ne connais-tu pas le burg de tes pères ?

TRISTAN.

De mes pères ?

KURWENAL.

Regarde autour de toi.

TRISTAN.

Quels sons viens-je d'entendre ?

KURWENAL.

La mélodie du berger ; tu l'entends encore ; sur la pente de
la colline, il garde tes troupeaux.

TRISTAN.

Mes troupeaux ?

KURWENAL.

Oui, seigneur, les tiens ? la maison, le burg, l'enceinte, sont à toi. Les vassaux, fidèles à leur seigneur aimé, ont soigné comme ils l'ont pu maison et troupeaux ; jadis, mon héros avait tout donné comme patrimoine à ses gens, quand il abondonna son burg pour se rendre dans des contrées lointaines.

TRISTAN.

Quelles contrées ?

KURWENAL.

Le Cornouailes ; vaillant et heureux, quelle fortune, quel éclat, quels honneurs Tristan n'y a-t-il pas conquis par ses nobles actions !

TRISTAN.

Suis-je en Cornouailles ?

KURWENAL.

Non ; tu es à Karéol.

TRISTAN.

Comment suis-je venu de là-bas ?

KURWENAL.

Comment tu es venu ? Hé ! tu n'es pas venu à cheval ; une barque t'a conduit ici ; et je t'ai porté à la barque sur ces épaules-ci ; elle sont larges, les épaules qui t'ont porté là-bas au rivage. Tu es maintenant à terre chez toi, dans ta vraie terre, dans ta terre natale, sur tes propres champs, le pays de tes joies, éclairé par le vieux soleil. C'est là que tu vas heureusement échapper à la mort, guérir de tes blessures !

TRISTAN, après un court silence.

Voilà ce qui te semble ; je sais, moi, qu'il en est autrement, mais je ne puis cependant le dire. Je ne suis pas resté où je me suis éveillé ; mais où suis-je resté ? je ne saurais te le dire. Je n'y ai pas vu le soleil, je n'y ai vu ni terre ni gens ; mais qu'y ai-je vu ? je ne saurais te le dire. J'étais dans un lieu où j'avais été dès longtemps, où je m'en vais pour jamais : dans le vaste empire de la nuit universelle. Là, une seule science nous reste, le divin, l'éternel et primitif oubli ; comment en ai-je perdu le sentiment avant-coureur ? Avide et vague souvenir, est-ce toi qui m'as poussé de nouveau à la lumière du jour ? Ce qui seul m'était resté, une ardente flamme d'amour, m'enlevant au délicieux crépuscule de la mort, me ramène à la lumière qui fait luire encore pour toi, Iseult, sa clarté décevante !

(Kurwenal, saisi d'épouvante, cache sa tête.)

TRISTAN, se dressant peu à peu.

Iseult est encore dans l'empire du soleil ! Iseult est encore dans la lumière du jour ! Désir de la voir, désir brûlant, plein de langueur et d'angoisse ! J'ai déjà entendu derrière moi se fermer avec fracas la porte de la mort ; voici maintenant qu'elle se rouvre toute large ; elle a sauté sous les coups des rayons du soleil ; les yeux inondés de lumière, il faut sortir de l'océan de la nuit, la chercher, la voir, la trouver, la seule où je puisse me perdre et disparaître, suprême faveur accordée à Tristan. Malheur ! je sens croître autour de moi l'indomptable obsession du jour, pâle et plein d'angoisses ! Ses astres à l'éclat perçant et trompeur rouvrent mon cerveau au mensonge et à

l'erreur! Jour à la clarté maudite, grandiras-tu éternellement
pour mon supplice? Brûlera-t-il éternellement ce flambeau qui,
même la nuit, me chassait loin d'elle? Ah! Iseult, douce bien-
aimée, quand enfin, quand donc éteindras-tu la torche, pour
m'annoncer le bonheur? Cette lumière, quand s'éteindra-t-elle?
Quand la nuit sera-t-elle entrée dans ta demeure?

KURWENAL, vivement ému.

Celle que j'ai outragée autrefois par fidélité pour toi, il faut
à cette heure que je l'invoque ardemment comme toi. Crois-en
ma parole, tu la verras, ici, aujourd'hui même. Je puis te donner
cette consolation, si toutefois elle vit encore.

TRISTAN.

La lumière n'est pas éteinte encore, la nuit n'est pas encore
entrée dans la demeure. Iseult vit et veille, elle m'a appelé du
sein de la nuit.

KURWENAL.

Puisqu'elle vit, laisse donc l'espérance te sourire. Si Kurwenal doit te paraître trop simple, tu cesseras de le railler aujourd'hui. Tu es resté comme mort depuis le jour où Melot, le
traître infame, te fit une blessure. Comment la guérir, cette
blessure funeste! J'ai cru, homme simple que je suis, que la
main qui ferma autrefois la blessure que t'avait faite Morold,
guérirait aisément les coups de l'épée de Melot. Cette main toute-
puissante, je l'ai bientôt trouvée ; j'ai envoyé en Cornouailles ; un
homme fidèle va bientôt t'amener Iseult sur la mer.

TRISTAN, hors de lui.

Iseult arrive ! Iseult approche! O fidélité ! noble et magnanime fidélité ! Kurwenal, mon généreux ami, comment Tristan
reconnaîtra-t-il ton dévouement inébranlable? Mon rempart et
mon bouclier dans le combat, que j'ai toujours trouvé prêt dans
le plaisir et la douleur ; ce que je haïssais, tu l'as haï, ce
que j'ai aimé, tu l'as aimé. J'ai servi loyalement le bon
Marke, tu lui as montré une fidélité pure comme l'or ! J'ai été
condamné à trahir le noble seigneur, tu as servi ma trahison
sans hésiter ! Tu n'es pas à toi, tout à moi, tout entier, tu souf-
fres avec moi quand je souffre: seulement ce que je souffre,
non, tu ne peux le souffrir. Ce vague et redoutable désir qui me
dévore, ce feu implacable qui me consume, si je pouvais te le
dire, si tu pouvais me comprendre ! Alors tu ne resterais pas ici,
tu courrais au sommet de la tour, tu tendrais tous tes sens, tu
épierais au loin le premier souffle de sa voile, qui volant vers
moi, poussée par le vent, apporte ici mon Iseult, animée par
l'aiguillon de l'amour ! La voici, la voici qui approche avec une
vitesse intrépide ; vois-tu, vois-tu flotter à la pointe du mât la
banderole ? Le navire ! le navire ! il rase les écueils ! Ne le vois-
tu pas, Kurwenal ! ne le vois-tu pas ?

(Kurwenal, qui ne veut pas abandonner Tristan, hésite, et Tristan le
    regarde avec une muette impatience ; alors on entend tout près,
    comme au début, puis s'éloigner peu à peu la plaintive mélodie du
    berger.)

KURWENAL, avec abattement.

Aucun navire n'est encore en vue !

TRISTAN.

(Tandis qu'il écoute, son exaltation tombe peu à peu, puis il commence avec une tristesse croissante.)

Est-ce que je dois te comprendre, vieille et sérieuse mélodie, comprendre tes sons plaintifs? A travers la brise du soir, elle m'arrivait mélancolique, lorsqu'enfant, elle m'annonça autrefois la mort de mon père ; elle m'arriva, à travers les ombres du matin, toujours plus mélancolique, lorsque mon cœur filial apprit le destin maternel. Quand mon père m'engendra et mourut, quand ma mère me mit au jour en expirant, la vieille mélodie portait aussi jusqu'à leurs oreilles ses sons languissants et tristes ; c'est elle qui me demandait autrefois, et me demande encore à cette heure, pour quelle destinée je naissais alors ? Pour quelle destinée ? La vieille mélodie me le répète à son tour : pour désirer et mourir, mourir et désirer ! Oh ! non, non ! Ce n'est pas là ton sens : désirer ! désirer, désirer jusque dans la mort, ne pas mourir de désir !.. L'immortelle mélodie, soupirant après le repos de la mort, invoque maintenant la lointaine médiatrice du salut. Mourant, j'étais couché en silence dans la nacelle ; le venin de la blessure approchait de mon cœur ; la mélodie fit retentir ses sons remplis de plainte et de désir ; le vent, gonflant la voile, nous poussa vers la fille d'Irlande. La blessure que ses remèdes avaient fermée, elle la rouvrit avec l'épée ; puis elle laissa tomber l'épée, elle me donna à boire le breuvage empoisonné. A l'heure où j'espérais de guérir tout à fait, elle me choisit le philtre le plus dévorant, pour éloigner de moi la mort à jamais, pour me vouer à un éternel supplice. O breuvage ! breuvage ! formidable breuvage ! avec quelle furie je le sentis s'insinuer de mon cœur à mon cerveau. Nul remède à présent, nulle douce mort qui puisse jamais m'affranchir de la torture du désir. Nulle part, nulle part, hélas! je ne trouverai le repos ; la nuit me rejette au jour pour repaître éternellement de mes souffrances l'œil du soleil. O brûlant rayon de ce soleil, de quelles douleurs cuisantes il embrase mon cœur! Contre ces ardeurs qui consument et abattent, pas une ombre, hélas! qui me prête son abri rafraîchissant ! Contre les horribles déchirements de ces douleurs, quel baume pourrait m'offrir un adoucissement? Ce breuvage terrible, qui m'a fiancé au supplice, c'est moi, c'est moi-même qui l'ai broyé ! Des infortunes de mon père, des souffrances de ma mère, de toutes les larmes d'amour que j'ai jamais versées, du rire et des pleurs, du sang et des blessures, j'ai formé les poisons de ce breuvage ! Breuvage que j'ai broyé, qui as coulé pour moi, que j'ai pris à longs traits de volupté, maudit sois-tu, breuvage terrible ! maudite soit la main qui t'a broyé !

(Il retombe évanoui.)

KURWENAL, qui s'est vainement efforcé de calmer Tristan, s'écrie très-haut avec épouvante.

Tristan! mon seigneur ! Enchantement effroyable ! Mensonge, tyrannie de l'amour! Illusion la plus chère aux hommes, n'en est-ce pas fait de toi! Le voici étendu maintenant, le héros qui charmait tout, qui a aimé, aimé comme nul n'aima jamais : voyez maintenant quel prix en a recueilli l'amour, quel prix il recueillera toujours!... Es tu mort, ou vis-tu encore? Ta malédiction a-t-elle emporté ton âme? Bonheur! il n'est pas mort! il se meut ! il vit! Ses lèvres s'agitent doucement!

TRISTAN, revenant lentement à lui.

Le navire, ne le vois-tu pas encore?

KURWENAL.

Le navire? oui certes, tu vas le voir approcher aujourd'hui, il ne peut maintenant tarder longtemps.

TRISTAN.

Et sur le navire, Iseult! la vois-tu me faire signe, vois-tu comme elle boit avec bonté à notre réconciliation? Ne la vois-tu pas encore? Comme elle traverse en souveraine, majestueuse et douce, les champs de la mer? Elle vient sur de nobles vagues de fleurs enivrantes, doucement portée vers la terre; de son sourire elle verse sur moi la consolation et le repos; elle m'apporte le suprême rafraîchissement. Iseult, Iseult, que tu es gracieuse, que tu es belle!... Et toi, Kurwenal, quoi donc? ne la reverrais-tu pas encore? Monte, monte sur la tour, homme aux faibles yeux, se peut-il que ce que je vois dans une clarté si vive, tu ne l'aperçoives pas? Ne m'entends-tu pas? Sur la tour, hâte-toi! vite sur la tour! Le navire, le navire d'Iseult, tu dois le voir, tu dois bien le voir; ne le verrais-tu pas encore?

(Pendant que Kurwenal, hésitant, lutte encore avec Tristan, le berger fait entendre du dehors un air joyeux.)

KURWENAL, tressaillant de joie, et montant rapidement sur la tour.

O joie! ô bonheur! le navire! je le vois, il approche du côté du nord.

TRISTAN, dans une exaltation croissante.

Je le savais bien! je le disais bien! elle vit encore, elle renoue la trame de ma vie. Iseult remplit pour moi le monde tout entier, comment serait-elle hors du monde?

KURWENAL, se tournant vers la scène, crie du haut de la tour.

Courage! alerte! Comme il vogue bravement, le navire, comme sa voile se gonfle avec force, comme il court, comme il vole!

TRISTAN.

Le pavillon? le pavillon?

KURWENAL.

C'est le pavillon de la joie; il flotte gaiement dans la lumière à côté de la banderole.

TRISTAN, se dressant tout à fait sur son lit.

Joie! joie! joie! lumineuse dans la clarté du jour, à moi Iseult! — La vois-tu elle-même?

KURWENAL.

Maintenant le navire a disparu derrière le rocher.

TRISTAN.

Derrière l'écueil? est-il en péril? le remous se déchaîne en cet endroit avec fureur, les navires y échouent. — Le gouvernail, qui le conduit?

KURWENAL.

Le plus sûr des pilotes.

TRISTAN.

M'aurait-il trahi? serait-ce le compagnon de Melot!

KURWENAL.

Aie foi en lui comme en moi.

TRISTAN.

Ne me trahis-tu pas aussi, toi? Malheureux, la vois-tu, enfin?

KURWENAL.

Pas encore.

TRISTAN.

Perdue !

KURWENAL.

Hourra! hourra !   ils sont passés ! heureusement passés ! Le navire est entré en sûreté dans le courant, il vogue vers le havre.

TRISTAN.

Hourra! Kurwenal, le plus fidèle des amis, aujourd'hui même je lègue toutes mes possessions, tous mes biens.

KURWENAL.

Ils approchent d'un vol rapide.

TRISTAN.

Aperçois-tu Iseult? ne la vois-tu pas enfin?

KURWENAL,

C'est elle ! elle fait des signes !

TRISTAN.

O femme bénie !

KURWENAL.

Le navire est dans le port ! — Iseult. — Ha ! d'un saut elle s'élance du bord au rivage.

TRISTAN.

En bas de la tour ! regardeur paresseux ! en bas ! Cours là-bas au rivage ! cours l'aider, aider la femme que j'aime !

KURWENAL.

Je vais la porter jusqu'ici ; fie-toi à la vigueur de mon bras ! Mais toi, Tristan, reste, je t'en prie, sur ton lit !

(Il s'éloigne en toute hâte par la porte du burg.)

TRISTAN.

Salut, ô soleil, ô jour, jour radieux, témoin de cette félicité ! Cours impétueux du sang, ivresse de l'âme, volupté sans mesure, délire de la joie, enchaîné sur cette couche, comment vous supporterais-je? Debout donc, et en marche vers les cœurs qui battent. Tristan, le héros, dans l'énergie de l'allégresse, s'est arraché vainqueur des prises de la mort ! Sanglant et blessé, je combattis autrefois Morold ; sanglant et blessé, je cours aujourd'hui me conquérir Iseult. Allons, mon sang, coule joyeusement à cette heure. Celle qui doit pour jamais cicatriser ma blessure approche triomphante, elle vient m'apporter le salut. Que le monde s'évanouisse au gré de ma joyeuse impatience !

(Il s'est dressé tout à fait et s'élance de la couche.)

ISEULT, appelant du dehors.

Tristan ! Tristan ! mon bien-aimé !

TRISTAN, dans la plus terrible agitation.

Quoi? Est-ce la lumière qui se fait entendre à mes oreilles?
Le flambeau, le flambeau s'éteint ! à elle ! à elle !

(Il se précipite en chancelant à la rencontre d'Iseult, qui entre à pas
précipités. Ils se rencontrent au milieu de la scène.)

ISEULT.

Tristan ! ha !

TRISTAN, tombant dans les bras d'Iseult.

Iseult !

(Le regard levé vers elle, il s'affaisse sans vie dans ses bras, et tombe
lentement à terre.)

ISEULT, après avoir jeté un cri.

C'est moi, c'est moi, mon doux ami ! relève-toi ! une fois
encore entends ma voix ! ne m'écoutes-tu pas ? Iseult t'appelle,
Iseult est venue, fidèle, pour mourir avec Tristan !... Tu restes
muet à mes prières ? Une heure encore... rien qu'une heure,
reste-moi éveillé ! Je n'ai veillé tant de jours d'angoisse et de
désir, que pour veiller une heure encore avec toi. Vas-tu la dérober à Iseult ? Tristan va-t-il lui dérober cet unique instant, cette
minute éternelle, ce suprême bonheur au monde?... La blessure, où est-elle? Laisse-la-moi guérir, afin que sains et
saufs, nous partagions les saintes délices de la nuit. Ne meurs
pas de la blessure ; non, pas de la blessure ; soyons réunis, et
que pour tous deux s'éteigne en même temps la flamme de la

vie!... Ton regard est éteint, ton cœur sans mouvement!...
Infidèle Tristan, pourquoi cette douleur à moi? Pas un souffle,
pas le plus léger soupir? Faut-il donc qu'elle reste debout devant
toi, pleine de sanglots, celle qui a franchi intrépidement la
mer, heureuse de partager ton destin? Trop tard! trop tard!
cruel époux! est-ce ainsi que tu me frappes du plus rigoureux
arrêt? Sans merci, sans égard pour ma dette de souffrances, ne
pourrais-je pas te dire mes plaintes? Une fois, rien qu'une fois
encore!... Tristan!... ha!... Écoutez!... il s'éveille!... mon
bien aimé!... la nuit!

(Elle tombe défaillante sur le cadavre.)

SCÈNE II

(Kurwenal est revenu tout de suite, derrière Iseult; sans voix, dans
une affreuse anxiété, il a assisté à la scène, et tenu ses regards immobiles attachés sur Tristan. Tout à coup, on entend venir du
fond de la scène un tumulte sourd et un bruit d'armes. Le berger
vient en franchissant le parapet, et approchant promptement de
Kurwenal, il lui dit tout bas :)

LE BERGER.

Kurvenal! écoute! un second navire !

(Kurwenal tressaille, et regarde par-dessus le parapet, tandis que le
berger tout ému contemple de loin Tristan et Iseult.)

KURWENAL, éclatant de fureur.

Mort et enfer! alerte, ami! c'est Marke et Melot, je les ai reconnus. Des armes et des pierres! à l'aide! courons à la porte!

(Il s'élance avec le berger vers la porte, et tous deux s'efforcent de la
barricader promptement.)

LE PILOTE entre précipitamment.

Marke me suit avec ses matelots et ses guerriers! La défense
est inutile! Nous sommes accablés.

KURWENAL.

Résiste avec nous, à l'aide! Tant que je vivrai, nul ne péné-
trera ici!

BRANGŒNE, sa voix se fait entendre du dehors et d'en bas.

Iseult, ma maîtresse!

KURWENAL.

C'est la voix de Brangœne. (Criant en bas :) Que cherches-tu
ici?

BRANGŒNE.

Ouvre, Kurwenal. Où est Iseult?

KURWENAL.

Toi aussi, tu trahis! malheur à toi, infâme!

MELOT, sa voix arrive du dehors.

A bas, porte! ne nous arrête pas plus longtemps!

KURWENAL, avec un éclat de rire terrible.

Bienvenu soit le jour où je te rencontre! Meurs, traître infâme!

(Melot, entouré d'hommes armés, paraît sur le seuil. Kurwenal fond
sur lui, et l'étend à terre.)

MELOT, expirant.

Malheur à moi! Tristan !

BRANGŒNE, toujours dehors.

Kurwenal! Insensé! Tu te trompes!

KURWENAL.

Servante infidèle ! En avant ! Suivez-moi ! Repoussez-les !

(Ils combattent.)

MARKE, encore hors de la scène.

Arrête furieux ! es-tu en démence ?

KURWENAL.

La mort est déchaînée ici; ici, roi, tu ne trouveras pas autre·
chose ; si c'est elle que tu cherches, viens donc !

(Il s'avance sur lui.)

MARKE.

Arrière, insensé !

BRANGŒNE.

(Elle est parvenue à franchir la muraille.de ce côté, et accourt sur le
devant de la scène).

Iseult ! ma maîtresse ! c'est le salut, c'est le bonheur ! Ah !
que vois-je, es-tu morte? Iseult !

(Elle se précipite sur Iseult, et s'empresse autour d'elle. Pendant ce
temps, Marke et sa snite ont repoussé Kurwenal et ses compagnons;
le roi entre ; Kurwenal, gravement blessé, recule en chancelant devant lui, vers le devant de la scène.)

MARKE.

O mensonge et délire ! Tristan, où es-tu ?

KURWENAL.

Là, il est gisant… là… ici où je gis moi-même.

(Il s'affaisse aux pieds de Tristan.)

MARKE.

Tristan ! Tristan ! Iseult ! Malheur !

KURWENAL, prenant la main de Tristan.

Tristan ! héros adoré ! ne te courrouce pas, de ce que ton fidèle t'accompagne aussi.

(Il meurt.)

MARKE.

Tout est mort ! quoi, tous morts ? Tristan, mon héros ! mon ami le plus aimé ! faut-il donc qu'aujourd'hui encore tu trahisses ton ami ? aujourd'hui qu'il vient te témoigner de sa fidélité suprême ? Éveille-toi, éveille-toi ! éveille-toi à nos lamentations, infidèle et fidèle ami !

BRANGŒNE, qui a relevé Iseult entre ses bras.

Elle respire ! elle n'est pas morte ! entends-moi, ma douce souveraine ! prête l'oreille à l'heureuse nouvelle que je t'apporte : n'as-tu plus foi en Brangœne ? Elle a expié sa faute imprudente. A peine avais-tu disparu, elle a couru près du roi ; elle lui a révélé le secret du philtre, et aussitôt, impatient

et inquiet, il s'est lancé en mer à ta recherche, pour renoncer à
toi, pour te ramener à celui que tu aimes.

MARKE.

Pourquoi, Iseult, pourquoi cette défiance envers moi? Dès
que m'a été clairement dévoilé ce que je n'avais pu comprendre,
quel a été mon bonheur de découvrir l'innocence d'un ami !
Pour te donner pour époux un héros qui m'est si cher, je suis
parti à pleines voiles : mais celui qui apporte la paix, peut-il atteindre le malheur en sa course impétueuse ? Je n'ai fait que
grossir la moisson de la mort : l'erreur a accumulé les douleurs.

BRANGŒNE.

Ne nous entends-tu pas ? Iseult, ma bien-aimée ! N'entends-
tu pas ta servante fidèle ?

ISEULT, qui regarde sans comprendre, comme étrangère à la scène,
attache enfin ses yeux sur Tristan.

Comme il sourit d'un sourire suave et doux, ses yeux s'entr'ouvrent avec grâce ; voyez, amis ! Ne le voyez-vous pas ? Comme
il brille d'une lumière toujours plus splendide ; de plus en plus
aimable, il se dresse rayonnant de l'éclat des étoiles ; voyez,
amis ! ne le voyez-vous pas ? Son cœur s'enfle d'un feu généreux ; une source abondante et majestueuse bouillonne en son
sein ; de ses lèvres douces et charmantes s'échappe un souffle
insensible : voyez, amis, ne le voyez, ne le sentez-vous pas ?
Suis-je donc seule à entendre cette mélodie étrange et mystérieuse, délicieusement plaintive, pleine d'un sens infini, douce-

ment consolante, qui, résonnant du fond de son être, m'emporte avec elle, me pénètre et fait retentir autour de moi ses charmants échos ? Ces sons plus clairs qui roulent à mes oreilles, sont-ce les molles vagues des airs ? sont-ce des flots d'exquises vapeurs? Elles s'enflent, elles bruissent autour de moi : faut-il respirer ? faut-il prêter l'oreille ? faut-il m'abreuver, me plonger, me noyer doucement dans ces vapeurs? Dans les grandes ondes de l'océan de délices, dans la sonore harmonie des vagues de parfums, dans l'haleine infinie de l'âme universelle, se perdre, s'abîmer sans conscience, suprême volupté !

(Iseult, comme transfigurée, tombe doucement, entre les bras de Brangœne, sur le cadavre de Tristan. — Étonnement et émotion profonde parmi les spectateurs. Marke bénit les cadavres. — Le rideau s'abaisse lentement.)

FIN

Paris.— Imp. de la Librairie Nouvelle, A. Bourdilliat, 15, rue Breda.

TABLE

www.ingramcontent.com/pod-product-compliance
Lightning Source LLC
LaVergne TN
LVHW051959060726
842528LV00002B/354